·李营 主编

熊星 编

山东大学出版社

图书在版编目（CIP）数据

麻辣科学."惊人"的科学/李营主编；熊星编.
—济南：山东大学出版社，2013.9
ISBN 978-7-5607-4873-3

Ⅰ.①麻… Ⅱ.①李… ②熊… Ⅲ.①科学知识—普及读物 Ⅳ.①Z228

中国版本图书馆CIP数据核字（2013）第210449号

策划编辑：马银川
责任编辑：董付兰
整体设计：张　荔

出版发行：山东大学出版社
社址：山东省济南市山大南路20号
邮编：250100
电话：市场部（0531）88364466
经销：山东省新华书店

印刷：山东华鑫天成印刷有限公司
规格：890毫米×1000毫米　1/16　10印张　150千字
版次：2013年9月第1版
印次：2013年9月第1次印刷
定价：31.00元

写在前面的话

大科学家爱因斯坦曾经说过：科学是永无止境的，它是一个永恒之谜。

本书内容涵盖十分广泛，书中精选相应领域里那些惊人的科学现象，通过一个个有趣的探险小故事，巧妙地将科普知识融入其中。那丰富而又神秘的科学世界，总是引起小读者无限的遐想。天上的星星有多少呢？为什么清澈的水却结成了浑浊的冰呢？天上曾经出现过四边形的太阳？地球上最干旱的地方居然会是南极？……这些令你吃惊得瞪大双眼的问题，都会在这本书中出现！在每个科普故事中，都蕴藏着一颗小小的童心，视角“古怪”而有趣。

本书语言轻松流畅，行文亲切、活泼，精致直观的图解、广泛而准确的内容，使科普变得更加生动有趣。打开这本科普图书，就如同跟随着主人公一起踏上了惊奇的旅程。

本书在编写时，对重要的事实和所有的资料进行了细致核实，确保知识的权威性、真实性。可以说，这是一本能够使青少年开拓思维、增进知识视野、传递创新思想的科普图书。

就让我们在阅读的享受中汲取知识，轻松步入科学生活，了解科学技术进步，一起探讨科学知识，并激发对科学知识的热爱。

为了增加知识的趣味性，提高青少年读者的阅读兴趣，本书特意塑造了两个角色——小龙崎和龙叔叔。小龙崎是一个活泼开朗的学生，酷爱科学，对世界上的一切事物都充满着好奇和兴趣，平时总喜欢缠着龙叔叔问个“为什么”。龙叔叔是一位科学院的博士，他知识渊博，对世界科学史了如指掌，因此总被小龙崎“纠缠”。但不管小龙崎如何“刁难”，他都能对答如流。通过小龙崎与龙叔叔的一问一答，本书深入浅出地将科学知识生活化、趣味化。你还等什么呢？赶快跟随小龙崎和龙叔叔开始一段精彩有趣的科学之旅吧！

另外，鉴于编者水平有限，书中难免存在粗疏错漏之处，敬请方家不吝赐教。本书在编写过程中，尤其是在解释科学现象或说明科学原理部分，参考了部分专家学者的观点和著作，在此一并深致谢忱！

编 者

2013年5月

目录

一、惊人的天文奇观

1. “万能吸”的黑洞 /3
2. 天上星星知多少 /5
3. 新太阳系真的存在吗 /7
4. 四边形的太阳 /9
5. 离我们越来越远的月球 /11
6. 在外太空点蜡烛 /13
7. 无声的刽子手 /15
8. 当大陨石撞上地球 /18
9. 神秘的外星人踪迹 /21

二、惊人的地理世界

1. 会长大的红海 /25
2. 比普通冰更纯净的冰川冰 /27
3. 清澈的水 = 浑浊的冰 /29
4. 可以燃烧的“海冰” /31
5. 吃人的“疯狗浪” /33
6. “龙吸水”奇观 /35
7. 地球最干旱的地方是南极 /37
8. 指南针在南极指哪儿 /39
9. 会杀人的石头 /41
10. 南极比北极更冷 /43
11. 暴风雪时的闪电 /45
12. 惊人的百慕大三角 /47

三、惊人的科学异想

1. 离奇的食物 /53
2. 排泄物加工成的“肉汉堡” /55
3. 人类的第二个大脑 /57
4. 人造生命 /60
5. 万能机器人 /62
6. 按需克隆的人造器官 /64
7. 应不应该克隆人 /67
8. 人类登陆的下一站 /69
9. 定居火星 /72
10. 再次来临的冰河时代 /75

麻辣科学——“惊人”的科学

四、惊人的人体科学

1. 人喝太多的水真的会死 /79
2. 被人忽略的人体“第三眼” /81
3. 不一样长的手指 /83
4. 耳屎的作用 /85
5. 不对称的人体器官 /87
6. 男人也能生孩子 /89
7. 爱因斯坦的大脑 /91
8. 同一个人会有两种血型 /93
9. 有记忆功能的心脏 /95
10. 自己胳肢自己不觉得痒 /97
11. 睡眠的“操控者” /99
12. “咔咔”作响的指关节 /101
13. 用皮肤看书 /103

五、惊人的生物世界

1. 没有眼睛的蚯蚓 /109
2. 无头存活的蟑螂 /111
3. 自焚的飞蛾 /113
4. 会走路的鱼 /116
5. 鳄鱼的眼泪 /118
6. 掐架的毒蛇 /120
7. 60 天不吃不喝的雄帝企鹅 /122
8. 植物也会疼 /125
9. 会做梦的动物 /128
10. 吃人的树 /130
11. 能长出大米的树 /132
12. 3 岁小孩儿也能扛起来的大木头 /134
13. 见血封喉的树 /136

六、惊人的物理化学

1. 会爆炸的面粉 /141
2. 神秘的“鬼火” /143
3. 可怕的“鬼剃头” /145
4. 会杀人的烟雾 /148
5. 不如芦苇的埃菲尔铁塔 /150

一、惊人的
天文奇观

1 “万能吸”的黑洞

小龙崎和龙叔叔的探险还在继续中。天渐渐黑了下来，江边的小渔船都靠了岸，少数几艘没靠岸的也亮起了灯光。“天好黑啊！真是伸手不见五指啊！”小龙崎感叹道。

这时，小龙崎又有了新的问题：“龙叔叔，我记得您曾经告诉过我说天体黑洞也是‘黑’的，就像宇宙中的无底洞，任何物质只要一掉进去，就再不能逃出来了。可是，如果真的掉了进去，会发生什么呢？”

龙叔叔摸了摸小龙崎满头的红发：“小龙崎，你的小脑瓜里的奇思妙想真多啊！既然你很好奇，我就给你讲讲吧。”

龙叔叔来揭密

首先，你必须明白，一旦你掉进了黑洞你就再也出不来了。我们刚接近黑洞时，就像绕着地球轨道运行的太空人，将处于“自由落体”的状态，并且会感觉到失重。但是，一旦我们开始接近黑洞那巨大的引力场——大概距黑洞中心 80 万千米，就会感受到什么是所谓的黑洞潮汐力。如果我们进入黑洞时碰巧是脚先下去，脚就会比头部感受到更大的拉力，有被撕扯的感觉。当我们的身体到达发出“砰”的一声这个临界点时，就是我们生命的终点了。

小龙崎听了，身体不由地一颤："生命的终点？好恐怖呀！那么，这些情况会发生在什么时候呢？"

龙教授说："这些情况很可能发生在我们穿过一个被称为'黑洞边界'的东西时。这时，我们必须要让自己的运动速度和光速相等。所有的引力场都有一个脱离速度，在地球，这个速度就是火箭进入太空的速度。"

"火箭进入太空的速度？那得多快啊？"小龙崎歪着小脑袋瓜思考着。

龙教授说："一旦你来到了'黑洞边界'，为了逃离，你需要跑得比光速还要快。"

"跑得比光速还要快？那是不可能的事啊！"小龙崎摇摇头说。

龙教授说："所以说啊，一旦我们到了黑洞边界，如果不能跑得比光还快，就再也出不来了。对了，你想知道第一个黑洞是人类在哪里发现的吗？"

不可不知的事

黑洞的首次发现

1970年，天鹅座X-1被美国的"自由号"人造卫星发现，天鹅座X-1与其他射线源不同，一个比太阳重30多倍的巨大蓝色星球位于天鹅座X-1上，这个星球被一个重约10个太阳的看不见的物体牵引着。天文学家一致认为这个看不见的物体就是黑洞，它就是人类发现的第一个黑洞。

2 天上星星知多少

晴朗的夜晚，小龙崎抬头仰望着美丽的星空。星星闪闪烁烁，真是有趣。小龙崎最爱数星星了：一、二、三、四……一颗又一颗的星星，密密麻麻，使小龙崎数也数不清。这时，一个问题又从小龙崎的脑袋瓜里冒了出来：“叔叔，天上究竟有多少颗星星啊？”

龙叔叔抬起头，望着头顶的星空，对小龙崎说：“你猜猜看呢？”

小龙崎灵机一动，笑着说：“和沙滩上的沙子一样多！因为它们都数不清！”

“哈哈！”龙叔叔哈哈大笑起来，“你这个小鬼头，我来给你讲一讲吧！”

据说，天空中用肉眼可以看见的星星有6900多颗。在一些大城市和大城市附近，由于夜晚的灯光十分明亮，而且城市上空被大气污染，所以许多距离地球较远的星星我们都看不见，只能看到1000多颗星星。

用天文望远镜观察，可以看到10亿颗左右的星星。宇宙是无穷无尽的，要想用我们的肉眼把天空中的星星都数出来，这是不可能的，就是天文学家用天文望远镜看到的星星，也只是宇宙星星中极少的一部分。

最近，一项新研究刊登在了英国权威科学期刊《自然》杂志上，宇宙中恒星的数量最少达到 31023。也就是说，在 3 后面加 23 个 0，这个数字是人们原先预想数量的 3 倍。

听了龙叔叔的话，小龙崎吃惊地张大了嘴巴。

龙教授继续说道："以前，整个宇宙恒星的数量，是科学家按照银河系中恒星的数量估算出来的。然而，银河系是一个旋涡星系，宇宙当中还有许多椭圆星系。但是，由于人们对椭圆星系缺乏了解，这些星系中红外星的数目被远远低估了，因此，粗略统计下来，宇宙中所有恒星的数量大约是 1 兆的 3000 亿倍之多，这相当于地球上 60 亿人体内所有细胞数的总和。关于行星，还有很多有趣的事情呢。"

不可不知的事

最亮的行星

在地球上，用我们人类的肉眼可以看到五大行星，金星是其中最亮的，犹如一颗耀眼的钻石。金星的亮度虽然比不上太阳和月亮，但是，比除太阳外全天最亮的恒星——天狼星还要亮 14 倍。金星不仅亮度很高，而且是太阳系内唯一逆向自转的大行星，自转方向是自东向西的，与其他行星相反。如果在金星上看，太阳是西升东落。

最古老的行星

有一颗编号为 HE0107-5240 的巨星，处在距离地球 3.6 万光年的地方，它的形成可以追溯到宇宙初期，年龄大约有 137 亿岁。

3 新太阳系真的存在吗

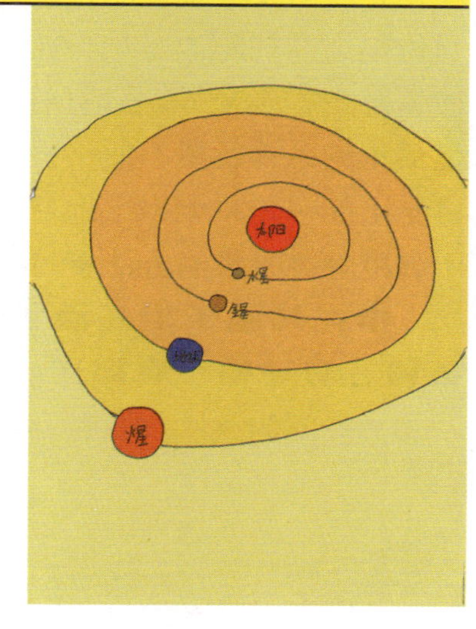

走在探险的路上，小龙崎看到前面有一户人家正在搬家。他眼前一亮，一个问题冒了出来：“龙叔叔，您说有没有新的太阳系的存在呢？我们人类会不会全部搬到那里去生活呢？”

龙叔叔摸了摸龙崎满头的红发，说：“没错，天文学家确实发现了新太阳系的存在。我给你讲一讲吧！”

“啊？真的有啊？”小龙崎听龙叔叔这么说，顿时来了精神。

根据国外媒体报道，有一个罕见的行星系统被科学家发现了。这个行星系统在距离地球 127 光年外。这个系统内可能共有 7 颗行星绕 1 颗类似太阳的恒星运行，这应该是迄今为止在太阳系外发现的最大行星系统。目前，天文学家已经证实了其中 5 颗行星的存在，同时也掌握了另外两颗行星存在的关键证据。

小龙崎睁大眼睛好奇地问道：“是吗？您快跟我说说它是什么情况！”

“这个母星叫作‘HD10180’的行星系统，位于南天星座中的水蛇座，距离地球 127 光年。天文学家坚持不懈地对这个行星系统进行了长达 6 年的研究，发现这些行星与母星之间的距离比较有规律，与人类生活的太阳系极为类似。”

“怎么类似呢？您快说，快说！”小龙崎追问道。

“你还真是心急啊！”龙叔叔亲昵地拍拍小龙崎的小脑袋，“这个行星系统至少有5颗体积与海王星类似的行星，所绕行的轨道与火星相当。它们的质量是地球的13～25倍，与母星之间的距离是地日距离的0.06～1.4倍。其他两颗行星的其中一颗，与土星类似，质量至少相当于65个地球，绕母星运行一周需2200天。另一颗可能是迄今为止发现的质量最小的系外行星，质量大约是地球的1.4倍，与母星间的距离只有地日距离的2%。这颗行星上的一年只相当于地球上的1.18天，它应该是一颗与地球类似的多岩行星，可是，由于温度过高，没有办法支持生命存在。”

小龙崎脑子里充满了幻想：“那里是什么样子的呢？也像我们地球一样有植物、有动物、有海洋、有火山吗？”

“你问的这些问题呢，还要等科学家进一步探索才能知道。”

不可不知的事

太阳系内最高的火山

奥林帕斯火山是迄今为止太阳系中最大的火山，也是太阳系中已知最高的山。数百万年来，它一直在不断地增大。奥林帕斯火山位于火星上，它的坡度比较平缓，形状好像一个巨大的盾牌。火山底部直径达到600千米，底部的面积比英国国土面积还要大，高度超过27千米，平均高度为22千米，是地球上珠穆朗玛峰高度的3倍。奥林帕斯火山口直径达到80千米，深约3千米，可以容纳两个伦敦还绰绰有余。

4 四边形的太阳

傍晚的时候，太阳已经收起了光芒，变成了一个红红的大圆盘，看起来真可爱。它就像个大皮球，慢慢地向下滚动着。它周围的云，有深红的、浅红的、桃红的……真是漂亮极了。小龙崎欣赏着眼前的美景，一个问题又从他的小脑袋里冒了出来："龙叔叔，您说有没有四边形的太阳啊？"

"四边形的太阳？你的奇思妙想还真多啊！"叔叔话锋一转，"不过呢，还真的有四边形的太阳哦！你想听，我就给你讲讲吧！"

在日本的北海道，只需从根室向北走，开车大约一个小时，就会到达别海町。这里有个地方叫尾岱沼，据说，从 1 月中旬到 3 月中旬，在天寒地冻中，有时会看到四边形的太阳。

要想看到四边形的太阳也没那么容易哦！必须要符合几个条件，我们才可以看到：第一是气温在 −20℃以下，第二是晴天，第三是地平线上没有云。只有满足了这三个条件，才能看到四边形太阳。可惜的是，在一年之中，同时具备这些条件的时间只有不多的几天。

“可是，为什么太阳会呈现出四边形呢？”小龙崎无论如何也想不明白这个问题。

龙叔叔对小龙崎解释说：“方形太阳是变幻莫测的大气造成的。在地球的南北两极，上层空气温度比较高，而靠近地面和海面的温度很低，从而使得下层空气密集，上层的空气比较稀薄。日落期间，当光线通过密集度不同的两个空气层时，由于光线的折射，它不再走直线，而是弯向地面一侧。太阳上部和下部的光线都被折射得十分厉害，几乎成了平行于地平线的直线，人们看到的太阳被压扁，便成了奇怪的方形太阳。对了，科学家还观测到过一颗‘黑太阳’呢！”

不可不知的事

黑色的太阳

科学家最新观测到一颗“黑太阳”，这是一颗褐矮星。目前它是两项纪录的保持者——距离地球最近和最寒冷的褐矮星。它与地球的距离仅9.6光年，表面温度在130℃～230℃之间。这颗恒星比其他邻近星体更加“寒冷”，看上去就如同一颗“黑色太阳”。这项发现暗示着褐矮星的存在非常普遍，并且它们与地球的距离更近。褐矮星的质量非常小，因此它们无法达到一定的热量并承受类似太阳的核聚变反应。但它们仍然可以发光，在形成过程中会产生热量，然后逐渐冷却，光线衰弱。

5 离我们越来越远的月球

晚上，一轮月亮挂在天空。小龙崎在帐篷里睡不着，他偷偷地爬了出来，望着空中的月亮出神。

“你是不是又有什么新奇的想法了啊？”不知道龙叔叔什么时候也走出了帐篷，他坐在小龙崎的身边和蔼地说。

“我在想，如果月球离我们越来越近，将来我们就能轻而易举地去月球上旅旅游，多有趣啊！”小龙崎的眼里闪耀着憧憬的光芒。

“呵呵，月球不仅不会离我们越来越近，恰恰相反，它离我们越来越远了。”龙叔叔的话，使小龙崎的美梦破灭了。

小龙崎忙问道：“这是怎么一回事儿啊？龙叔叔您给我讲讲吧！”

在 40 多年的时间里，科学家们一直在对月球和地球的距离进行测定。通过精确的激光测距仪测定得出结论，月球和地球的平均距离增加了 1.5 米多。这就说明，月球正在远离地球，以每年约 3.8 厘米的速度。

原因是地球的自转速度在变慢。因为地球不完全是固体状态，有液态和半液态的物体存在于地幔里，还有水和空气存在于地壳上方。这些物质都显得很“自由散漫”，地球在带动它们旋转时，肯定会产生摩擦。在摩擦的时候，就会消耗地球的旋转动能，使地球的旋转速度变慢。另外，地球自转变慢的最主要原因就是潮汐，它和月亮有很大关系。根据平衡潮理论，如果地球完全由等深海水覆盖，用万有引力计算，月球所产生的最大引潮力可使海平面升高 0.563 米。

举个例子来说明吧！月球在吸引着海水摩擦地球，让地球的转速变慢，这就好比用抹布擦一个正在旋转着的地球仪，地球仪的转速会变慢。科学家们通过研究大约 5 亿年前生活的“二枚贝”化石上的条纹，得出结论：在那时候，地球一天只有 21 小时，1 年有 410 天。根据“角动量守恒定律”，在没有外力的作用下，一个旋转系统的动量总是不变的。地球的旋转速度降低了，如果月球和地球距离不变，整个系统的动量就不能守恒，所以月球就需要远离地球。

不可不知的事

第一个登陆月球的人

1969 年 7 月 19 日，“阿波罗 11 号”成功登月，人类历史上第一个踏上月球的地球人诞生。他就是美利坚合众国“阿波罗 11 号”的指令长尼尔·阿姆斯特朗。“阿波罗 11 号”的太空人在月球表面留下了一块不锈钢牌匾，来纪念这次登陆，以及提供一些资料给有可能发现它的其他生物。

6 在外太空点蜡烛

天黑了，小龙崎点燃了一根蜡烛来照明。看着蜡烛跳动的小火苗，“春蚕到死丝方尽，蜡炬成灰泪始干”这句古诗出现在了小龙崎的脑海里。随之而来的又是一个新奇的问题：“龙叔叔，如果我们在外太空点蜡烛，会发生什么事情呢？可以点燃吗？”

龙叔叔欣慰地看着小龙崎说：“19 世纪伟大的科学家迈克尔·法拉第说过一句话：‘让你能进入自然科学殿堂的大门，不会比思考一根蜡烛的理论更多。’你可真是一颗科学界冉冉升起的小新星啊！就让我来告诉你吧！”

在我们地球上，在氧气存在的情况下，蜡烛燃烧形成了火焰的漂亮形状。二氧化碳和水存在于空气中，当这些物质从火焰中升起的时候，空气中的氧气受到了吸引，对它们来进行代替，火焰的形状就这样形成了。如果在足够氧气的太空舱进行实验，火焰处在微重力之下，就不会生起热空气，也不会产生底下的新鲜的氧气。因为蜡不能在没有氧气的情况下燃烧，所以实验的结果是有一个不会持续很久的奇妙的蓝色火焰出现。

小龙崎听后，兴奋地拍着手说：“这样的研究真是太神奇啦！长大后，我也要去外太空探索更多的科学知识！”

龙叔叔笑着点点头说：“去外太空探索，人造地球卫星功不可没哦！

不可不知的事

中国成功发射第一颗人造地球卫星

1970年4月24日，中国第一颗人造地球卫星成功发射。它就是“东方红一号”卫星，由此开创了中国航天史的新纪元。按时间先后顺序，我国是继苏、美、法、日之后，世界上第五个用自制火箭发射国产卫星的国家。

这颗卫星重173千克，运行轨道距地球最近点439千米，最远点2384千米，绕地球一周需时114分钟。用特定的频率播送《东方红》乐曲，同时进行卫星技术实验，探测电离层和大气密度是这颗卫星的主要任务。

银锌蓄电池是这颗卫星的电源，电池的寿命有限，在卫星运行20天后，电池就会被耗尽，《东方红》乐曲停止播放，卫星的工作寿命就此结束。但是，卫星的轨道寿命没有结束，根据轨道计算，大约能在太空运行数百年。

7 无声的刽子手

走在探险的路上，小龙崎回忆起自己昨天听到的那个新词——次声波。于是，他又向龙叔叔询问了：“叔叔，什么是‘次声波’啊？它一定很可怕吧？”

“一般来说，在 20 ~ 20000 赫兹之间是人耳所能接受的声波，高于 20000 赫兹的声波频率，称为‘超声波’；低于 20 赫兹的声波频率就是次声波。次声波与超声波一样，全都看不见、听不到、摸不着。虽然次声的声波频率很低，但是波长却很长，传播距离也很远。一般的声波、光波和无线电波都不是它的对手。频率低于 1 赫兹的次声波，可以传到几千以至上万千米以外的地方呢！”

小龙崎担心地问：“可以传播这么远啊！那它是怎么伤害人的呢？”

龙叔叔一边走一边对小龙崎说：“让我来给你讲一讲吧！”

我先给你举个例子来形象地介绍一下次声波吧！1960 年，南美洲的智利发生大地震，地震时产生的次声波传遍了全世界的每一个角落！有极强的穿透能力是次声波的另一个重要特性。它不仅可以穿透大气、海水、土壤，对于坚固的钢筋水泥构成的建筑物它也能穿透，甚至连坦克、军舰、潜艇和飞机都不在话下。

而次声波在穿透人体时，不仅能使人头晕、耳鸣、恶心、心悸、烦躁、视物模糊、吞咽困难、胃痛、肝功能失调、四肢麻木，而且还可能对大脑神经系统造成破坏，使大脑组织受到重大损伤。次声波对心脏的影响最为严重，甚至能导致死亡。

“次声波为什么能导致人死亡呢？是什么原理呢？”

龙叔叔解释说：“因为我们人体内脏有固有的振动频率，它和次声频率相近似，如果外来的次声频率与体内脏的振动频率相似或相同，人体内脏就会引起‘共振’，从而使人产生上面提到的一系列症状。特别是当人的腹腔、胸腔等固有的振动频率与外来次声频率一致时，更易引起人体内脏的共振，使人体内脏受损而丧命。”

“次声虽然无形，但它却时刻都在产生，而且严重威胁着我们人类的安全啊！”小龙崎担忧地说。

龙叔叔意味深长地说：“对啊！很多情况下都可以产生次声波：在自然界，例如海峡咆哮、雷鸣电闪、气压突变；在工厂里，机械的撞击、摩擦；在军事上，原子弹爆炸实验、氢弹爆炸实验等。但是，并不是所有的次声波

都对人体有害。只要满足一个条件，就不会对我们人体产生危害，那就是：次声波的振幅频率与人心跳频率相差很大。我们甚至还可以利用它，为我们人类造福呢！”

小龙崎眼前一亮，说：“为我们人类造福？”

叔叔点点头肯定地说：“对啊！我们可以利用次声波极强的穿透力。在一些远离大陆的岛上，国际海难救助组织建立起了‘次声定位站’来监测洋面。一旦船只或飞机失事掉入了海里，就可以迅速测定方位，对它们进行救助。”

不可不知的事

次声武器的研制

尽管次声炸弹的研制眼下还处在研制阶段，但科学家们预言：只要次声炸弹一声爆炸，瞬息之间，在方圆十几千米的地面上，所有的人都将被杀死。就算15厘米厚的混凝土和坦克钢板，次声武器都能够穿透，所以人即使躲到防空洞里或钻进坦克的“肚子”里，还是在劫难逃。

8 当大陨石撞上地球

这天，小龙崎和龙叔叔来到了恐龙化石博物馆进行参观。通过参观，小龙崎渐渐了解了恐龙的外形及它们的生活形态：肉食性恐龙以草食性恐龙和其他动物为食，它们猎食的武器是那锋利的牙齿和爪子。而那些草食性恐龙也不会坐以待毙的，它们一般会有一些特殊的“装备”来对付敌人的攻击。这些装备有时是坚韧的皮甲、骨棒或骨钉，有时是有力的尾巴。然而，令人类至今都无法解释的事情是，这些大家伙们却突然灭绝了。

看到这里，小龙崎对龙叔叔说：“龙叔叔，我听说，有些科学家认为6500万年前的一次陨星撞击地球导致了火山喷发和地球气候的巨大变化，最终使恐龙在地球上灭绝。”

尽管宇宙空间非常空旷，但是在太阳系里，仍然有许多高速运行的天体在不听话地四处乱撞，而且也没有办法对它们的运动进行控制。常见的有冰质的彗星、石质的小行星和流星等，流星往往是从彗星和小行星上脱落下来的碎片。这些天体有自己奇特的运行轨道。在绕着太阳旋转的过程中，这些天体会穿越地球的轨道，如果这些高速运行的天体来到地球轨道附近时，恰巧地球也运行到这里，那么碰撞就在所难免了。

1908年7月30日，一颗巨大的火球划破了西伯利亚的通古斯地区宁静的晨空，然后在半空中爆炸了。一片方圆1930平方千米的杉树林就在这爆炸的一瞬间被夷为平地。根据目击者所描述的，科学家认为，这种现象的产生是由于一颗直径在90米以上的流星或者彗星，在穿过大气的过程中逐渐破碎所形成的。

很幸运，由于西伯利亚人烟稀少，只有一位在距离爆炸中心60千米处的商人被烤焦了衣服，他的浑身被烤得黢黑。但是，如果爆炸发生在城市，一场巨大的灾难就这样诞生了。不过爆炸带来的危害却不仅产生在西伯利亚地区，地球上的气候都受到了相应的影响，因为大爆炸产生了大量的尘埃，这些尘埃飘浮在大气层中，随着空气流动蔓延到整个星球，臭氧层遭到了破坏。

小龙崎皱着眉头担忧地问："我们人类有没有采取什么措施来监视这些不听话的家伙们呢？"

龙叔叔看到小龙崎担心的样子，对他说："我们已经行动起来啦！别担心啦！从1990年起，美国亚利桑那州的天文学家就开始用天文望远镜对宇宙中在地球附近徘徊的小行星和流星进行寻找了。就在1991年1月18日，他们发现了一块岩石星体的小行星碎片，与地球之间的最短距离只有16.96万千米，静悄悄地从地球身边经过。"

"16.96万千米。很远的距离啊，您为什么说'只有'呢？"小龙崎问道。

"你可能觉得这个数字并不小了，但是，你要知道的是，地球和月亮之间的距离是38.4万千米，所以科学家们认为，这已经是流星与地球真正的'近距离接触'了。如果它不听话，运行的轨道再稍微偏一点儿，和地球相撞了，这块直径8米的岩石爆炸的威力，将会是轰炸广岛的原子弹的3倍。"

小龙崎吃惊地说："哇！危害好大啊！"

"对啊，据科学家估计，平均每100年就会有一个直径约50米的天体坠落在地球上。

但是，大都是在海域或者其他无人居住的地区发生这样的情况。每 100 万年，就有一颗直径约 10 千米的天体坠落，它的破坏力相当于 100 万颗 1.3 万吨级的 TNT 炸弹。这样的爆炸即便是在海域发生，威力也足够可以将大量的尘埃送上天空，太阳就会被遮住，这样一来，地球上就会数月不见太阳，随之而来的就是剧烈的气候变化。”

不可不知的事

世界第一大铁陨石

在西南非洲的纳米比亚北部小城赫鲁特方丹的荷巴农场里，陈列着世界第一大铁陨石——荷巴陨石，这可是纳米比亚的镇国之宝。这块荷巴陨石自坠地以来一直默默无闻地埋藏在土中，几万年过后，直到 1920 年才被荷巴农场的开发者从泥土中无意间刨出。这块大陨石安卧在一座类似古希腊剧场的环形阶梯式看台正中。它 2. 95 米长，2. 84 米宽，厚度在 1. 22 米和 0. 75 米之间，重约 60 吨。据说这块大陨石的形成时间在 1.9 亿～4.1 亿年前，在 3 万～8 万年前，坠落到地球上。

9 神秘的外星人踪迹

从电影院看完有关外星人的电影出来，小龙崎满脑子都是个子矮小、脑袋圆大、嘴巴窄长如裂缝、身穿紧身衣的像人类一样的生物。走在探险的路上，他问龙叔叔：“龙叔叔，您说在外太空有其他的生命吗？”

龙叔叔笑着回答小龙崎：“如果你的意思是说具有智慧的生命，那结果可能是没有。当然这种说法还没有确切的证据。不过，任何天文学家都会非常勇敢地站出来说地球是宇宙中已知的唯一的一个有生命迹象的行星。但也会有很多人争辩说，有其他智慧生命散布在我们存在的银河系中。”

“那到底有没有呢？您快给我讲讲吧！”

假设我们所谈论的是类似于人类的生命，那么，它们怎样才能生存下去呢？有两个必要条件。首先，它需要一个很长的稳定时期来由微生物进化成复杂的动物和植物。那么首要条件就是有一个稳定的太阳。这就直接排除了银河系里2000亿恒星中的

90%。因为它们不是太冷而且虚弱，就是太热而且短命。

液体的存在，这是另外一个生命存活的要素。最有可能的是水，而且必须是液态的。原因是只有在液态的情况下，化合物分子才能结合得更彻底，更复杂的分子结构才可以形成。这为生命存在的必要条件带来了一个更为严格的限制，因为虽然在宇宙中水分子广泛地散布着，但水仅仅在一个很小的温度和压力的范围内是液态的，在地球的温度和压力下是0℃～100℃。所以，在一个行星上将需要一个坚固的大气层，以及一个稳定的围绕着恒星旋转的轨道，并且它和这个恒星之间的距离应大致与地球和太阳之间的距离相当，才会有液态水的存在。这就是为什么没有生命存在于火星和水星上的原因——它们不是太热就是太冷。

小龙崎听完叔叔的解释，说道："这两个条件好像是很严苛啊！"

"对啊！仅仅这两个必要条件，任何一个我们所知的太阳系里的其他行星就这样被排除了，但是，要记住，还有更多的星系是很难被发现的。因此，我们才可以说，在银河系中，地球是唯一一个有如此完美和环境供我们这样的生命繁衍的行星。有相似的星球存在的可能性真的是非常小。虽然我们不清楚到底有没有外星人，但是有些行星是很有趣的。"

不可不知的事

太阳系体积最大、自转最快的行星

太阳系的八大行星中体积和质量最大的是木星，它有着极其巨大的质量，比其他七大行星总和的2.5倍还多，是地球的317.89倍，体积是地球的1316倍。因为体积巨大，木星反射太阳光的能力也强。同时，木星还是太阳系中自转最快的行星，只需要9小时50分30秒就可以自转一周，所以木星并不是正球形的，而是两极扁、赤道鼓的三轴不等椭球体，扁平显著。

二、惊人的
地理世界

1 会长大的红海

龙崎的问题

出来探险很久了，小龙崎发现自己的裤子短了一截。“咦？这是怎回事呀？”他暗自嘀咕着。突然，他眼前一亮：“啊！原来是我又长高了！”

他兴奋地对龙叔叔说：“叔叔，我一天天长大，那么其他的物体也会一天天长大吗？比如海洋，它们也会长大吗？”

龙叔叔亲昵地拍拍小龙崎的头说：“有啊！在非洲北部与阿拉伯半岛之间，有一片红褐色的海，这就是印度洋的附属海——红海。它就会像你一样长大哦！”

小龙崎顿时来了精神：“是吗？太神奇了！您快给我讲讲吧！”

红海就像一条张着大嘴巴的鳄鱼，从东北向东南，斜卧在那里。它有2000多千米长，最大宽度可以达到306千米，面积约45万平方千米。在它的北段，通过苏伊士运河与地中海相通。在它的南端，有曼德海峡与亚丁湾相通。叫它红海是因为海里的红藻会发生季节性的大量繁殖，就会使整个海水变成红褐色，有时连天空、海岸都映得红艳艳的。实际上，在通常情况下，海水是蓝绿色的。

小龙崎歪着小脑袋问道：“它是怎么形成的呢？”

“大约2000万年前，在今天的非洲和阿拉伯两个大陆隆起部分轴部的岩石基底发生了地壳张裂。当时，在裂缝处有一部分海水乘机进入，一个封闭的浅海就这样形成了。在大陆裂谷形成的同时，海底发生扩张，熔岩上涌到地表，新的海洋地壳不断产生，古老的大陆岩石基底则被逐渐推向两侧。后来，在强烈的蒸发作用下，这里的海水慢慢地干涸了，巨厚的蒸发岩沉积下来了，就形成了现在红海的主海槽。到了距今约300万年时，红海的沉积环境突然发生改变，海水再次进入红海。红海的海底沿主海槽轴部裂开，形成了轴海槽，缓慢的海底扩张沿着轴海槽发生着。红海不断进行扩张的原因是由于它东西两侧的非洲和阿拉伯大陆在缓慢分离。”

“那么，它还会不断地长大吗？”小龙崎问道。

“现在的红海和你一样，可能是一个正在积极‘长大’的海洋，正处在萌芽时期。有一个例子可以证明，就是在1978年，一次火山爆发发生在红海阿发尔地区，使红海南端在短时间内加宽了120厘米。我们可以推测一下，如果按照目前平均每年1厘米的速度扩张的话，再过几亿年，红海就可能发展成为像今天大西洋一样浩瀚的大洋。不仅有红海，地球上现在还有白海呢。”

不可不知的事

白海的得名

白海是北冰洋的巴伦支海伸入俄罗斯西北部内陆的部分，这片水域几乎被陆地围住，是北冰洋的边缘海。由于白海所处的纬度很高，气候严寒，所以终年冰雪茫茫。白海得名的原因是由于阳光照到冰面上产生了强烈的反射，呈现在我们眼前的海水是一片白色。再加上白海的有机物含量少，海水也呈现出一片白色。

2 比普通冰更纯净的冰川冰

走着走着，小龙崎感到有些口渴了，他走到便利店买了一瓶饮料后，便迫不及待地打开了。只见这瓶饮料不断地冒着气泡，还发出了清脆的声音。小龙崎仰起头痛痛快快地畅饮了一番。

喝完后，他开始观察起手中的这瓶饮料，只见外包装上写有“冰川冰”的字样。他的问题于是又出现了：“龙叔叔，这瓶饮料是用冰川的冰做成的吗？可是如果是冰，为什么会有像碳酸饮料一样的响声呢？”

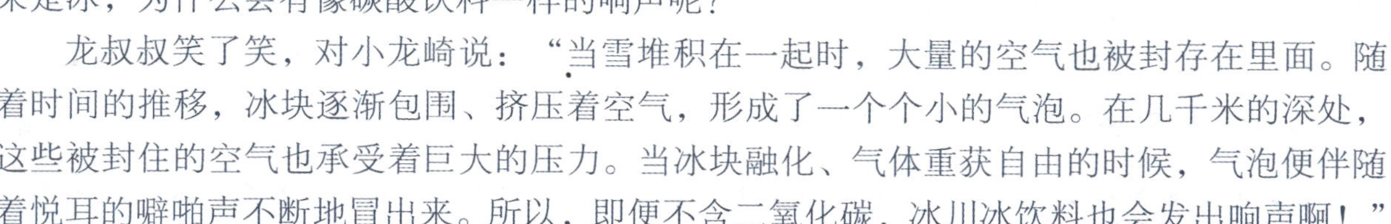

龙叔叔笑了笑，对小龙崎说：“当雪堆积在一起时，大量的空气也被封存在里面。随着时间的推移，冰块逐渐包围、挤压着空气，形成了一个个小的气泡。在几千米的深处，这些被封住的空气也承受着巨大的压力。当冰块融化、气体重获自由的时候，气泡便伴随着悦耳的噼啪声不断地冒出来。所以，即便不含二氧化碳，冰川冰饮料也会发出响声啊！”

小龙崎恍然大悟地说：“原来是这样啊，所以有些商家会将冰川冰作为饮料来销售呀！龙叔叔，冰川冰和普通冰相比，还有哪些优势呢？”

我们根本不需要用相关的科学原理来证明这一点，单从我们感官上的直接认识来讲，冰川冰也更具吸引力。

首先，冰川中的水要相对纯净一些。这是因为在千万年的时间中，远古时候降下的雪不断地压缩，雪花中原本所含的杂质都被挤到雪花晶体边缘，并被相继冲刷带走。最后形成的冰块，特别是由单雪花所形成的冰块，它的纯净度就像三次蒸馏的水，要比最初的降雪纯净得多。其次，从角度来看，冰川内包含的冰晶与冰箱制出来的冰块所包含的冰晶大小相仿，甚至可能更大。单晶中的分子都呈线性排列，而普通冰块则由很多细长的冰晶构成。所以普通冰内所形成的景象比较晦暗，如果光线在冰川冰内进行了折射，所形成的景象要漂亮得多。

小龙崎一边思索着一边说：“哦！原来是这么一回事啊！”

不可不知的事

移动速度最快的冰川

哥伦比亚冰川位于美国阿拉斯加州安克雷奇和瓦尔迪兹之间。它长54千米，宽4.8千米，最高点为910米。1999年，它的平均移动速度为35米/天。在过去的20年中，它的移动速度加快了1倍。

3 清澈的水＝浑浊的冰

一觉醒来，小龙崎爬出帐篷。他用力地伸了伸懒腰，接着，走到了脸盆边准备洗脸。呀！水都结冰了。可是昨晚打好的是干净的水啊！怎么就变成了浑浊的冰呢？“龙叔叔！龙叔叔！您快来看看呀！”

“一大早的你就吵吵什么呀！”听到了龙崎的喊声，龙叔叔睡眼惺忪地从帐篷里走了出来。小龙崎对着龙叔叔说出了自己的疑问。末了，还转动着小眼珠用怀疑的口吻说：“难道是有谁在跟我开玩笑吗？偷偷把我干净的水换成了脏脏的水？”

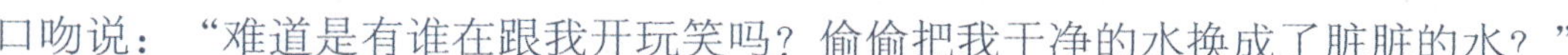

龙叔叔听完，哈哈大笑起来，说：“当你开始用一个障碍物挡住光束去路的时候，问题就会迎刃而解了。我来给你讲讲吧！”

首先，冰块不是一个大的晶体，而是由很多小晶体组成的，这为光线碰撞到晶体边缘发生衍射提供了大量的机会。

衍射是你看到的光波在障碍物边缘发生弯曲的情况。在寒冷的天气里，空气中像二氧化碳、氧气和氮气这些气体会更易在冷

水里溶解，而在水冷到结冰的时候，这些气体产生的气泡会被留在冰块里。

小龙崎看着脸盆里的冰说：“可是，那些气泡很小很小呀！”

“你说得对！它们可能是非常小的气泡，但对于折射光线来说它们仍然影响相当大。即使在冰块内部，一小部分的液态水仍能保持溶解状态——这是另一种折光的机会。将我刚才说的这三种情况放到一起，你会发现光没有办法完全穿过冰块从另一边射出来。所以呢，清澈的水结成的冰总是浑浊的。”龙叔叔解释道。

不可不知的事

水对于生命的重要意义

对于我们人类来说，除了氧气之外，水是第二大重要物质。在成人体内，水可以占到60%的重量。儿童体内水的比重更大，可以达到近80%。如果一个人不吃饭，靠着自己体内储存的营养物质，可以继续存活一个月。但是，如果一个人不喝水，连一周时间也很难度过。人体内失去10%的水，就会威胁到身体健康，如果失去20%的水，就有生命危险，这就可以看出水对于我们生命的重要意义。

4 可以燃烧的“海冰”

龙崎的问题

小龙崎和龙叔叔的探险还在继续着，这天，他们来到了海边。此时，海水已经结冰了，被白茫茫的冰雪覆盖着。龙叔叔对小龙崎神秘地说：“有一类冰是可以燃烧的哦！那就是‘海冰’。”

“可以燃烧的冰？快点给我讲讲吧！”小龙崎一听，一下就来了兴致。他缠着叔叔给他讲讲燃烧的冰的知识。

龙叔叔笑着说：“我先给你讲一个小故事吧！前苏联有位致力于天然气气井注水方面的研究以提高天然气的产量的专家，名字叫契尔斯基。有一次，他让工人将 20 吨水注入一口正在出气的气井里，可是这口气井却突然停止出气了。”

“哎呀！这可怎么办呢？”小龙崎有些担忧起来。

“契尔斯基在经过一阵思索后，就又来到那口气井旁，他让工人们迅速从仓库里搬来两吨甲醇，注入了气井中。过了几个小时，这口井竟奇迹般地复活了，又像原先那样往外喷气了。”

“这是怎么回事呢？龙叔叔快讲！”小龙崎催促道。

许多气体在低温和高压的状态下，都可能形成水合物。温度低、压力大这两项要求，气井深处正好符合。注入的水与天然气结合后就会形成水合物——可燃冰，这样气井就不会再冒气了。注入甲烷后，它跟水有很大的亲和力，于是破坏了水合物结构。天然气就又重新冒出来。通过这件事，一些科学家猜想，在地球上有些温度低、压力大的地方，天然的气水化合物——可燃冰很可能也存在。

功夫不负有心人！在科学家们的共同努力下，在北极的海底大量的可燃冰首次被发现了。

全球各地的 450 米深的海床上，都蕴藏着可燃冰。可燃冰从外表上看去，很像干冰，实际上它是能够燃烧的。据分析，1 立方米可燃冰含有 200 多立方米的可燃气体。可燃冰的储量大得惊人，仅仅是目前已经探明的储量，就比地球上石油的总储量还大几百倍。

海洋中生物和微生物死后，它们的尸体被细菌分解了，甲烷、乙烷等可燃气体就生成了。由于海底的水温较低，压力较大，这些可燃气体就钻进了海底疏松的沉积岩中，与水相结合成可燃冰。上千万年乃至上亿年的时间过去后，在海底，绵延数万千米的可燃冰矿藏就形成了。这是科学家根据分析初步得出的结论。但是对于以上的解释，也有人提出了不同意见。

“有哪些不同意见呢？”小龙崎问道。

“有人认为在地球形成时可燃冰就已存在，还有人认为可燃冰的形成与海底火山喷发有关系。因此，可燃冰的形成之谜至今还没有完全揭开。”

不可不知的事

中国首次在陆域发现可燃冰

2009 年 9 月，中国地质部门公布，一种名为可燃冰的环保新能源在青藏高原被发现，预计 10 年左右能投入使用。这是我国首次在陆域发现可燃冰。继加拿大、美国之后，我国成为在陆域通过国家计划钻探发现可燃冰的第三个国家。

5 吃人的“疯狗浪”

小龙崎和龙叔叔走在海岸边，天气很好，微风习习，海面上十分平静，微波荡漾，有十几名钓鱼的人悠闲地坐在岸边。突然，龙叔叔大喊：“危险！大家快点躲开！”说完，龙叔叔抱起小龙崎拔腿就向着高处跑去。

突然有一个大浪打上来，有四五个钓鱼的人被打下防波堤，其余六七人想要奔向安全地点时，又被卷来的大浪全部打进了海中。闻讯后，警方迅速赶到了事发地点进行营救。

小龙崎惊魂未定地问龙叔叔：“太可怕了！这是怎么一回事啊？”

龙叔叔来揭密

这就是人们说的“疯狗浪”。在它来临前的海面是十分平静的，当海面突然降得很低，然后可以看到有排浪在稍前方的海面上推近时，这就是它要出现的前兆。如果及时发现，还有足够的时间躲开。在它发生时，有时达数层楼高，常将游客、钓客甚至车辆卷入海中，实在令人防不胜防啊！

当海底山崩发生时，巨大的砂石和沉积物滑落，而此时所引起的震动，形成震波传递，一部分从海底地壳传出，一部分通过海水进行传递，就可能引起一个掀天大浪。

“疯狗浪常出现在哪里呢？”小龙崎问道。

“突出海岸的礁石、直立壁上近海面的平台或海堤、防波堤，尤其是灯塔附近的防波堤，都是很危险的地方。”

“对于这些危险的地方，我们还是不要去了！”小龙崎心有余悸地说。

“对啊！对于这些地方，我们还是躲避为妙！但是，有一项相当惊险的运动，却受到很多挑战者的欢迎，它就是冲浪。”

不可不知的事

冲浪的运动方法

冲浪运动的必备器材非冲浪板莫属。全部冲浪板的重量只有11～26千克。冲浪板长1.5～2.7米、宽约60厘米、厚7～10厘米，板轻而且很平，前后两端稍微有些窄小，后下方有一起稳定作用的尾鳍。为了增加摩擦力，在板面上还涂有一种蜡质的外膜。

冲浪运动的动作是：运动员先俯卧或跪在冲浪板上，然后，用手划到有适宜海浪的地方作为起点。当海浪推动冲浪板滑动时，运动员就要使冲浪板保持在浪峰的前面，站起身体，两腿前后自然开立。通常是平衡腿在前，控制腿在后，两膝微屈，随波逐浪，快速地向着前方滑行。

6 “龙吸水”奇观

这天，小龙崎和龙叔叔来到了气象观测站。听这里的工作人员介绍说将要有龙吸水出现。这可真是太有趣啦！小龙崎好奇地问道：“龙叔叔，什么是龙吸水啊？真的有一条大龙出现在空中吗？”

“哈哈！真的大龙？世界上有真的大龙吗？我说你是不是动画片看多了呀！”龙叔叔亲昵地拍拍小龙崎的头说。

“那是怎么一回事呢？您给我讲讲吧！”

龙吸水是水龙卷的俗称。它是一种偶尔出现在温暖水面上空的龙卷风。它的上端与雷雨云相接，下端直接延伸到水面。它就像是芭蕾舞演员一样，一边旋转，一边移动。龙卷风中心就像注射器一样把水吸上天，形成高高的水柱。远远看去，被龙卷风卷上空中的水柱不仅很像吊在空中晃晃悠悠的一条巨蟒，而且很像一个摆动不停的大象鼻子。

这是一种涡旋，空气绕龙卷的轴快速旋转。受龙卷中心气压极度减小的吸引，水流被吸入涡旋的底部，并随即变为绕轴心向上的涡流。龙吸水的强度较大，维持时间也比较长。

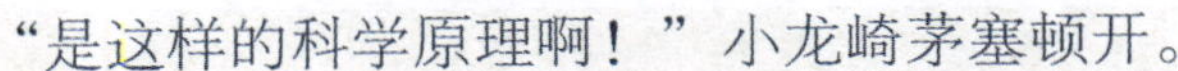

“是这样的科学原理啊！”小龙崎茅塞顿开。

“由于重力，液态水不可能长时间在天上。所以龙吸水过后，吸到天上的水就会落下来。就形成了雨，而且是暴雨哦！”

“那我们要出门时可要带好雨具啊！”

龙叔叔点点头，问道：“你知道吗，还有双龙吸水的罕见奇观呢！”

不可不知的事

“双龙吸水”的罕见奇观

2011年5月3日，“双龙吸水”的罕见景观出现在了夏威夷州檀香山海港。两条巨大的水柱从海面一直延伸到高空，周围不断电闪雷鸣，并且大雨滂沱。这两条海上龙卷风持续了大约12分钟，这种恶劣天气引发了洪水、电击，导致了6万家庭长达2小时的停电，不过并没有造成人员伤亡。

7 地球最干旱的地方是南极

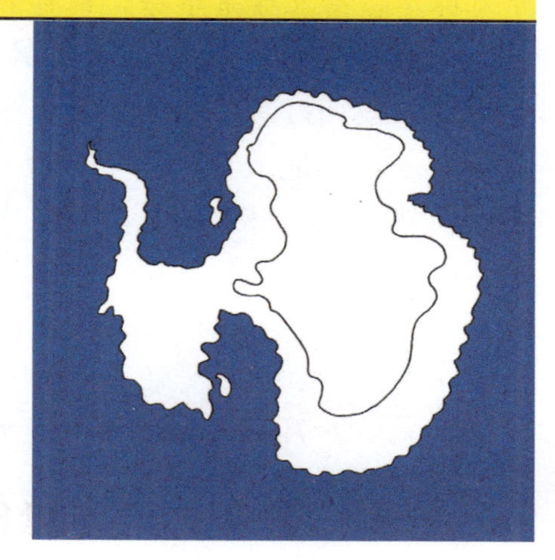

龙崎的问题

小龙崎和龙叔叔踏上了南极的土地。他兴奋地伸出自己的手，去和企鹅握手。龙叔叔看到他那调皮的样子，有些忍俊不禁。小龙崎一边笑着，一边对龙叔叔说：“龙叔叔，这里真是太神奇了！我在书上看到，这里是人类最后到达的大陆，也叫‘第七大陆’。在地球最南端，土地几乎都在南极圈内，四周是太平洋、印度洋和大西洋。”

龙叔叔点点头，笑着说：“你说得没错！南极洲是世界上地理纬度最高的一个洲，同时也是跨经度最多的一个大洲。同时，这里也是地球上最干旱的地方！”

“地球上最干旱的地方在南极洲？我没有听错吧？”小龙崎吃惊地睁大了双眼。

“你没有听错啊！我来给你讲讲吧！”

在南极洲的一些地方，已经有200万年没有下雨了。通常，沙漠的定义是年降雨量小于254毫米的地方。如世界上最大的撒哈拉沙漠的年降雨量就只有25毫米。

可是南极洲的年降水量也不多，其中面积大约占整个南极2%的“干谷”，这里既没有冰也没有雪，也从来没有下过雨。在这里，强大的风力将冰雪和空气中仅有的水汽吹得丝毫不剩。全洲年平均降水量为55毫米，大陆内部年降水量仅30毫米左右，极点附近几乎无降水，空气非常干燥，被称为“白色荒漠”。

“这里这么干旱，那这里有人生存吗？”小龙崎望望四周，问道。

“南极洲最具特色的是没有土著居民，也没有发现任何古人类活动的痕迹。南极洲仅有一些来自其他大陆的科学考查人员和捕鲸队。直到现在，南极洲没有工厂、农田，靠当地的自然资源与环境，人类无法在南极生存。你知道这里还是世界上记录到的最大风速的地方吗？”

不可不知的事

世界上记录到的最大风速

南极洲的风力，根据地理位置的不同而有所不同。一般来说，海岸附近的平均风速为17～18米/秒。风力最强的要数东南极洲的恩德比地沿海到阿黛利地沿岸一带，风速可达40～50米/秒。风速达100米/秒的飓风曾被法国的迪维尔站观测到，其风力相当于12级台风的3倍，这是迄今为止世界上记录到的最大风速。

8 指南针在南极指哪儿

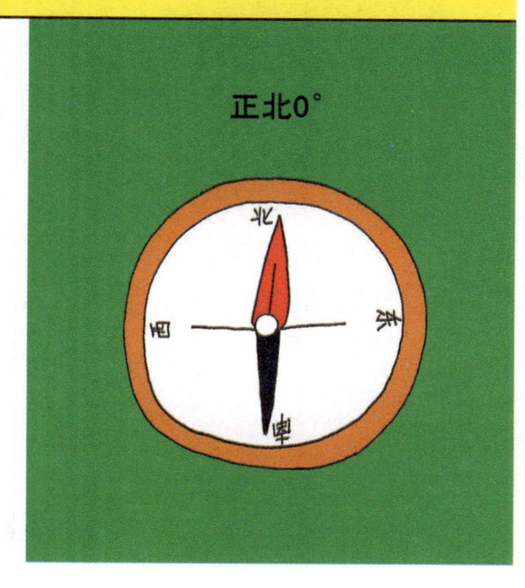

“龙叔叔，四周白茫茫的一片，到底哪里是北方啊？我在这里探险了三天了，还没有辨别出方向呢！”小龙崎站在南极洲的大陆上有些迷惑了。

“我可以让指南针来帮你的忙啊！”龙叔叔笑着对小龙崎说。

听到这里，小龙崎又有了新的疑问：“龙叔叔，指南针在南极会指示哪个方向呢？您快拿出来让我看看啊！”

龙叔叔来揭密

我还是先给你讲讲这里面的科学原理吧！地球绕着地轴自转，地轴的两端分别是南极和北极。地磁场是吸引磁铁及指南针的，其磁力线两端叫作南磁极与北磁极。地磁轴线与地轴之间的角度相差了 11°，也就是说，南磁极并不在南极，而是位于南极东北方约 1600 千米的地方。所以，指南针指的并不是真正的南方，而是南磁极的位置，而且它每年会移动 10 ~ 15 千米。

小龙崎思索了一会儿说道：“当你拿着指南针站在南极时，指南针会指向东北方。是这样吗？”

龙叔叔笑着点点头，接着说：“如果你带着指南针到南磁极，由于指南针失去了水平的拉力，所以没有固定的指向，会自由旋转。”

“龙叔叔，我明白这里面的科学原理啦！快点拿出来证明一下吧！”小龙崎把手伸进了叔叔的背包里。

龙叔叔一边从背包里拿出指南针，一边对小龙崎说：“指南针是我国古代的四大发明之一。早在战国时期，我国就已经利用天然磁铁矿石琢成指南针，当时称为‘司南’。但是，‘司南’的真正指向并不是南方，而是北方。”

不可不知的事

指南针为什么不叫指北针？

这与我国对方位的认识有关。我国古代一直以“南”为南北方位之主，面向南方为尊位，并且有“南面为王，北面而朝”之说，意思就是说面朝南方位的称帝王，面朝北方的则是朝拜君王的臣子，帝王在就座、议事时，都是面向南方。因此，指南针虽然是指向北方，人们仍称它为“司南”或“指南针”。

9 会杀人的石头

小龙崎的探险还在继续着。这天，他和龙叔叔来到了非洲马里境内的耶名山脚下。小龙崎十分担忧地对龙叔叔说：“我听说这里特别危险，有一块石头会杀人，真是可怕！”

龙叔叔笑着说：“我正要准备给你讲讲这个奇怪的石头的故事呢！正好你问到了，我就给你讲讲吧！”

1986年8月，一支地质勘察队进入了耶名山的东麓，他们一行8人。当他们进入山麓心腹时，眼前出现了令他们震惊的场景：许多尸体卧在山野上。这些死人身躯扭曲，口眼歪斜，表情看上去十分痛苦。从尸体上看，这些人已经死去很长时间。但奇怪的是，在这炎热的地方，尸体竟没有一具腐烂。

正在这时，一名队员在搜索中发现一条地缝间射出一道亮眼的光芒。考察队员在队长的带领下，动手挖掘。一个小时后，一块重约5吨的椭圆形巨石呈现在大家眼前。

这块巨石是半透明的，上半部微蓝，下半部泛着金黄，整块石头散发着炫目的光晕，这样的奇石真是难得一见。费了九牛二虎之力，探险队员们才把巨石挪到土坑边上。这时，队员们忽然有一种不舒服的感觉，自己四肢发麻，视线模糊，继而开始手脚抽搐，相继倒下。

他们的队长因为在一旁指挥，并没有亲手触摸到这块奇石，所以他只是感觉到一阵眩晕。在他的脑海里闪现着那些死因不明的尸体，他浑身不禁一颤。为了救自己的同伴，他强拖着开始麻木的身体，摇摇晃晃地向山下走去，准备叫人救援。可是，刚走下山，他就支持不住晕倒在路边。过路的人发现后，把他送进了医院。医生检查后发现，他受到了某种物质的辐射，由于程度较轻并没有生命危险。可是其他的队员就没那么幸运了，他们由于遭受了强烈的辐射，都丢掉了自己的性命。

小龙崎有些惊恐地问道：“那块使许多人丧命的‘杀人石’呢？”

龙叔叔说：“从陡坡上滚下了无底深渊。

不可不知的事

天下第一奇石

享有“天下第一奇石”美誉的是福建第二大岛东山岛上的风动石。它为花岗岩石质，高4.37米，宽4.57米，长4.69米，重约200吨。它的外形像一只兔头，斜立在一块磐石上。奇石的奇妙之处就在于它前后左右重量平衡特别好，据说两石的吻合点仅有几平方厘米。当海风从台湾海峡徐徐吹来时，大石便会微微晃动，但是倾斜到一定角度就不会再动了。不仅如此，人力也能晃动风动石。如果把瓦片放在石下，选择适当的位置，一个人就能把这硕大的奇石轻轻摇动起来。古代文人把这块石头誉为“天下第一奇石”，当地渔民也视其为“镇岛之宝”。

10 南极比北极更冷

小龙崎和龙叔叔来到了北极。小龙崎缩着脖子，哆哆嗦嗦地对龙叔叔说道：“这里真的好冷呀！龙叔叔，这里和南极相比，哪里更冷一些呢？”

龙叔叔把小龙崎的围巾系了系，笑着对他说：“你又冒出新的问题了啊！南极和这里相比，还要冷一些呢！”

“这是为什么呢？”

龙叔叔笑着说道：“我来给你讲讲吧！”

在南极，一年的平均气温只有约 −48.9℃，比北极的平均气温要低 1.7℃。1983 年 7 月 21 日，在沃斯托克冰湖测得的南极洲有记载的最低气温是 −89.4℃。

南极气温较低的原因至少有两个，其一是因为观测站建在海拔 3600 多米的高原上，在这样的海拔高度上，空气稀薄，很难留住太阳辐射的热量。太阳一落山，大部分的热量很快就消散了。同时，与四周被大片的浮冰所环绕着的北极不同，南极被广袤的南极雪原包围着，因此南极大陆基本上没有办法留住太阳的辐射能，有 80% 的太阳辐射都被南极永久存在的雪给反射回去了。

这时，小龙崎指着前方吃惊地大喊："龙叔叔，快看！好大的鲸鱼啊！"

"那是格陵兰鲸，是北极最大的鲸。"

不可不知的事

北极最大的鲸

北极最大的鲸是格陵兰鲸，身长 20 ~ 22 米，体重可达 150 吨。整个身体长的 1/3 被它巨大的头部所占。它的头下部呈白色，与黑色的身体之间有一条深深的狭窄颈部。

格陵兰鲸生活在冰层中，它的皮下保温脂肪层有七八十厘米厚，脂肪总重达 40 吨，所以它们有着惊人的御寒能力。

比其他鲸鱼更为特别的是，当它浮出水面时，会喷出 45° 的扇形水柱，下潜时，又会露出 6 米长的大尾巴，看上去就像一只美丽的大蝴蝶。

格陵兰鲸虽然用肺呼吸，但潜水能力非凡。在进行过一次呼吸后，可以在水下待 80 分钟。在它上浮时，力气会非常大，能用脊背将 30 ~ 50 厘米的冰层顶个大窟窿。

格陵兰鲸从不单行，它们喜欢群居。而且是数百上千头地群居在一起。冬来南下，夏至北上，总是生活在冰冻的大洋边缘。

11 暴风雪时的闪电

小龙崎和龙叔叔一路走来，经历了很多恶劣的气候。这不，又赶上了刮暴风雪。小龙崎艰难地跟在龙叔叔的后面行走着。突然，他又有了新的发现：“龙叔叔，为什么我看不到闪电呢？在刮暴风雪的时候，闪电去了哪里呢？”

龙叔叔转过头，对小龙崎说：“虽然十分罕见，但是刮暴风雪的时候有时确实也会有闪电。事实上，最大的暴风雪都是伴有电闪雷鸣的，气象学家将这种现象称为‘雷雪’。我来给你讲讲吧！”

龙叔叔来揭密

夏季是发生普通的雷暴的季节。在这个时候，暖湿空气在大气层较低处，而冷空气处在暖空气上方。在这种不稳定的系统中，上升气流创造出雷暴。这种暴风雨造成的扰流有时造成不同的区域带上不同极性的电荷，两个不同极性的电场为达到电荷平衡产生的放电现象，就是我们看到的闪电。与此同时，还伴有轰隆隆的雷声。这是由于周围的空气被闪电产生的巨大热量迅速加热，此时空气瞬间的温度可能比太阳表面的温度还要高，空气受热剧烈膨胀，形成音爆，也就是我们听到的打雷声。

小龙崎思索了一下，说道：“哦，形成雷雨天气所需的两个特征条件，冬天的气候环境一般不具备啊！”

龙叔叔点点头说：“说得没错！温度的垂直分布和低层空气含有大量水汽，只有在最强的暴风雪来临之时，这两个条件才能得到满足：这个时候，在暖空气上方有大量的冷空气聚集，而且近地面空气具有足够大的湿度。靠海的地区要比内陆地区更容易遭遇雷暴雪天气，这是因为海洋上方的暖湿空气在向内陆移动的过程中，与冷空气相遇而形成暴风雨，之后由于受冷空气影响，暴风雨更可能进一步转变成雷雪或雷暴雪。

不可不知的事

当代最大的暴风雪

1977 年 7 月下旬，美国水牛城和纽约周围的地区受到了当代最大的暴风雪的袭击。水牛城位于美国五大湖东部的雪带上，在冬季，几英尺的雪是司空见惯的事情，然而，1977 年的暴风雪比这还要糟糕。从加拿大来的湿润的风以 113 千米/小时的速度吹了 5 天，在早几天降下 0.9 米的雪上又堆积了 1.2 米的雪，有的地方积雪已达到了 9 米的厚度。

12 惊人的百慕大三角

小龙崎和叔叔的探险还在继续，这天，他们来到了百慕大魔鬼三角地区。那美丽如画的海上风光深深地吸引着小龙崎。想到那些数以百计的船只和飞机失事或者神秘地失踪，数以千计的人在这里丢掉了性命，事后不要说查明原因，就是连一点船舶和飞机的残骸碎片也找不到，小龙崎不免有些战战兢兢，提心吊胆，唯恐碰上厄运。他决定向龙叔叔“求救”：“龙叔叔，这里好恐怖啊！您给我讲讲关于这里的故事吧！”

龙叔叔牵着小龙崎的手说：“百慕大三角区域的‘魔鬼三角’是指美国东南沿海的大西洋上，北起百慕大，延伸到佛罗里达州南部的迈阿密，然后通过巴哈马群岛，穿过波多黎各，到西经 40° 线附近的圣胡安，再折回百慕大，形成的一个三角地区。1945 年 12 月 5 日，美国 19 飞行队在训练时神秘失踪。当时预定的飞行计划是一个三角形，就是这片区域。现在，‘百慕大三角’已经成为那些神秘的、不可理解的各种失踪事件的代名词。”

听了龙叔叔的话，小龙崎觉得神秘而又恐怖，问龙叔叔：“在我们熟悉的地球上，怎么会有这么一个神奇而无法解释的角落呢？怎么会发生一连串不可思议的事情？龙叔叔，

这到底是怎么一回事呢？”

龙叔叔对小龙崎说：“为了使你更清楚明白地了解这里的情况，我就给你讲一讲吧！你要好好听哦！”

一些科学家曾尝试着用各种方法来对百慕大三角的现象进行解释，但是这些解释都没有充分的证据，仅仅只是停留在猜测阶段。于是许多神秘学家便开始了种种猜想。

到目前为止，对“百慕大魔鬼三角”的解释可归纳为四类：一类认为，这些失踪是超自然的原因造成的，由此可联想到可能因为外星人的飞碟的存在，甚至有人猜测百慕大水下存在金字塔。

还有一类解释，认为是自然原因造成的。例如地磁异常说、洋底空洞说、泡沫说、晴空湍流说、水桥说、黑洞等。还有一些人用一些非科学原理来解释百慕大魔鬼三角，例如：一些神学人士认为这是上帝的惩罚。与此相反，有些人认为这些奇特的失踪现象彼此间并没有任何联系，因而也就是否定百慕大魔鬼三角的存在。

“这些说法都可信吗？”小龙崎歪着小脑袋思索起来。

龙叔叔看着小龙崎思考的样子，说：“这些说法虽然有一定的可能性，但我们绝不能一味地盲目相信，当然也不能一味地否认。我们应该先仔细地进行一下思考，然后再作出决定。百慕大这层神秘的面纱能不能够揭开，还要等待将来的科学家的研究与验证。百慕大魔鬼三角位于地球北纬 30° 附近，而北纬 30° 附近有许多神秘而有趣的自然现象。”

不可不知的事

神秘的北纬30°

在地球北纬30°附近，奇观绝景比比皆是，自然谜团频频发生，存在很多神奇的自然及人文现象。自然现象如美国的密西西比河、埃及的尼罗河、伊拉克的幼发拉底河、中国的长江等，全部都在北纬30°入海。地球上最高的珠穆朗玛峰和最深的西太平洋马里亚纳海沟，也在北纬30°附近。人文现象在这一纬度线上也显得异彩纷呈，贯穿有四大文明古国之一巴比伦的“空中花园”、古埃及的金字塔及狮身人面像、远古玛雅文明遗址等。

三、惊人的
科学异想

1 离奇的食物

到了午餐时间了。龙叔叔从背包里拿出了便利食品。小龙崎忍不住抱怨说：“唉！又是吃这个！我都吃腻啦！”小龙崎的脑海里又闪出了一个想法：未来的午餐是什么样子呢？是不是像一些科幻电影里的食物那样呢？小龙崎把自己的疑问抛给了龙叔叔。

龙叔叔听后，感叹地说：“在 2050 年，地球上会比现在增加20亿的人口，到时候新鲜食物的供应肯定会有问题。如何养活整整 90 亿的人口将成为一个巨大的问题。如果按照现在的科技手段来说，可以有效提高产量的方法只有基因改造，比如基因改造的鸡肉、牛肉和大豆等。今天，我就跟你说说未来的食品。”

我先来跟你说说人造肉吧！现在的科学家正在研究一种通过组织细胞来造出肉的方法。简单点来说，就是把一个组织细胞放在培养皿里，然后通过一些科技手段，使它自行生长，最后变成一大块肉。

“这个方法听起来让人有些反胃啊！但是，也可以说得上是一个解决人们吃肉的好方法。您还知道其他的离奇食物吗？”小龙崎紧接着问道。

“有啊！例如昆虫啊！”龙叔叔回答说。

“昆虫？昆虫也会成为我们的食物？我没听错吧！”小龙崎吃惊地睁大了双眼。

龙叔叔肯定地点点头说：“是的！你没有听错！或许你不愿意相信那些看起来毛手毛脚的小昆虫未来会成为我们的主要食物之一，但这是真的。”

小龙崎怎么也想不通，人类怎么会食用昆虫呢？于是，忙追问道：“这是为什么呢？”

“低脂肪、低胆固醇、高钙和铁的营养食物非它们莫属，现在已经有超过1400种昆虫成为我们口中的食物，例如，蟋蟀、蝗虫、毛毛虫等。这一点在我们亚洲更为常见。对昆虫进行饲养时，不会对空间占据太多，而且价格也十分低廉。在未来，一些食物短缺的地区，主要的营养来源将会是昆虫，或许你将来不仅能看到油炸蚂蚱，而且还能吃到巧克力味的蚂蚁。你知道吗，未来我们还有可能吃杂草哦！”

不可不知的事

可以食用的杂草——马齿苋

我们这里所说的杂草是具有食用价值的杂草，比如马齿苋。这种植物是所有营养学家都大力推荐的，它富含的维生素、ω-3脂肪酸和β-胡萝卜素超过所有蔬菜。在我们心目中营养丰富的菜，例如胡萝卜和菠菜等，也都赶不上它。更为关键的是，这种杂草吃起来的口感还是不错的。

马齿苋无缝不入，强大的生命力让它抢夺了田间其他作物的营养，影响了其他生物的生长。所有农民对马齿苋都感到十分头疼。马齿苋即使在干旱的地区，也能够茁壮成长。正是因为它的这种特性，它的身影未来或许在全世界都能看到，成为满足我们人类生存的重要营养提供源。

2 排泄物加工成的“肉汉堡”

走在探险的路上，龙叔叔和小龙崎讨论着最近听说的一件新鲜事，龙叔叔说：“有一位日本科学家利用人类排泄物中的成分开发出了一种‘肉汉堡’。这位科学家叫池田光行，他是日本冈山实验室的研究人员。东京城市污水处理公司要求他开发一种处理城市中产生的大量人类排泄物的方法，他提出了一种让人目瞪口呆的方案：制作食品！”

听完龙叔叔的话，小龙崎吃惊地大喊一声：“啊？用排泄物制作食品？天啊！他是怎么想出来的啊？”

“不要这么吃惊啊！我来给你讲讲吧！”

这位日本科学家发现大量的蛋白质存在于人类的粪便中，这是细菌作用的结果。他的研究小组将这些蛋白质从粪便中提取出来，制成人造“牛排”，并且使用色素将它染成肉类的红色。这种“肉”的蛋白质含量高达63%，另外还有25%的碳水化合物、3%

的脂类以及9%的矿物质。

研究小组进行了初步测试，请一些公众来参与调查，大家反映这种“人造肉”尝起来味道不错，有点像牛肉。尽管这种食品原料来源让人感觉怪异，但是这样的“肉类”意义却十分重大，它们比真正的牛肉更加环保哦。

“这是什么意思呢？”小龙崎歪着小脑瓜问道。

“因为养牛会产生大量的温室气体，不利于环保啊。目前，这种肉的价格要比普通牛肉贵10～20倍，这是由于研究开发费用的原因。研究组希望价格能够降下来。这种肉品属于绿色食品，消费者最终会克服心理障碍，并逐渐接受这种新鲜事物。你知道吗？在未来，我们还有可能吃细菌哦。”

不可不知的事

细菌食物

自然界中，最小的有机物非细菌莫属。看到这个词，首先映入大家脑海的肯定是疾病。但是，有上千种细菌是对人体有益的。我们每天都会接触到几十亿个细菌，但是并没有受到任何的伤害。养殖细菌是个不错的选择，细菌只需要少量的能量就能够生存，而且生长的周期十分短。很多细菌富含的蛋白质以及其他的营养物质，都是人类所需要的。不仅是这样，而且细菌还是可以吃的。

3 人类的第二个大脑

小龙崎又有了新问题："龙叔叔，为什么人在生气时，常常会感到胃疼呢？"

"那是由于我们的肚子里有个大脑。"

"啊？我们的肚子里有个大脑？龙叔叔，您是在和我开玩笑吗？"小龙崎问龙叔叔。

"这可不是我说的，这是美国纽约哥伦比亚大学神经学家迈克尔·格肖恩提出来的。根据德国《地球》杂志报道，越来越多的科学家认为，肚子是人类的'第二大脑'，也被称为'腹部大脑'，人类的许多感觉和知觉都是从肚子里传出来的。"

"啊？您说的是真的呀！快点给我讲讲吧！"小龙崎又缠着龙叔叔为自己答疑解惑了。

1996 年，"第二大脑"这一概念被来自美国哥伦比亚大学解剖和细胞生物学系的主任迈克·格尔森首先提出。他认为每个人都有第二个大脑，它就在我们人类的肚子里，消化食物、信息、外界刺激、声音和颜色，全部都由它来负责。对于人的悲伤情感，这个藏在肠部的大脑也竟然可以控制着。研究这个"第二大脑"发现，成长过程中经历离别、失去亲人等伤痛的人，在长大后更容易患肠胃疾病。

一个人的内脏在 75 年中，大约要通过 30 吨的营养物质和 5 万升的液体，这些东西的通过量由"第二大脑"高智能地操纵着。成千上万种化学物质的成分都能被"第二大脑"

分析，并使我们人体免受各种毒物和危险的侵害。

小龙崎又有了新的问题：“‘第二大脑’是怎样‘工作’的呢？”

“人体中最大的免疫器官非肠子莫属，它拥有人体70%的防御细胞，大量的防御细胞与‘第二大脑’相通。当毒素进人身体时，‘第二大脑’是最先察觉到的，然后立即向大脑发出警告信号，人们就会在第一时间意识到腹部有毒素，接着就会采取呕吐、痉挛或排泄等相应的行动。科学家认为，越往消化系统的深处，大脑对其的控制力越弱。口、部分食管及胃都受大脑控制，胃以下部分则由‘第二大脑’负责，当最后到达直肠及肛门时，控制权又回到大脑。

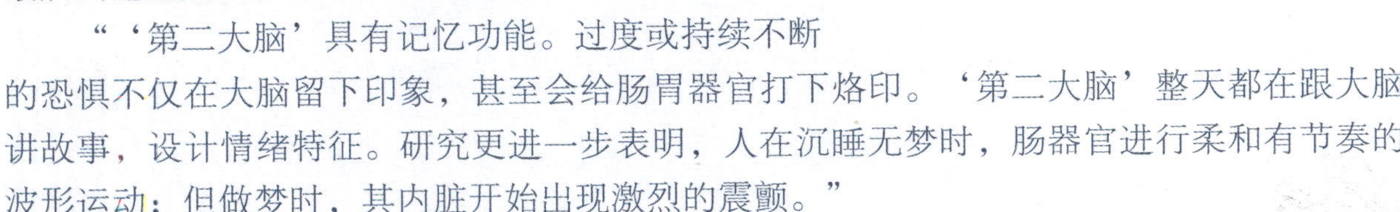

“‘第二大脑’具有记忆功能。过度或持续不断的恐惧不仅在大脑留下印象，甚至会给肠胃器官打下烙印。‘第二大脑’整天都在跟大脑讲故事，设计情绪特征。研究更进一步表明，人在沉睡无梦时，肠器官进行柔和有节奏的波形运动；但做梦时，其内脏开始出现激烈的震颤。”

“啊！这么厉害啊！”小龙崎对‘第二大脑’有些刮目相看了。

“人类对神经系统的研究已有约100年的历史。但相对于大脑，人们对‘第二大脑’的研究才刚刚起步。现在所有‘第二大脑’专家都相信：人的肚子拥有智慧。因此意识与‘第二大脑’的关系将是下个世纪科学的另一探索领域。所以我们要开始学会保护自己的肠胃，保护自己的‘第二大脑’。你知道我们的第一大脑的一些奇妙的事吗？比方说高度能让大脑产生幻觉。”

不可不知的事

高度能让大脑产生幻觉

当人们达到一定高度的时候，就会出现一些视觉和感觉上的幻觉，有时候甚至会有情感上的突变。许多登山者在攀登到海拔2400米以上之后，他们会突然看不见身边的同伴，一些人还会看见自己或者其他人身上发射出光芒，有些人甚至看到了自己的第二个身体或者突然感到恐惧。从科学上解释，由于缺氧，大脑内部控制视觉、听觉甚至情感活动的区域受到了干扰，从而使人产生各种各样的幻觉。所以，这只不过是一种高原病而已。

4 人造生命

小龙崎和龙叔叔要去美国的人造生命实验室参观。他一直对人造生命十分感兴趣，这不，他又缠着龙叔叔问问题了：“龙叔叔，到底什么是人造生命啊？是人通过科学方法制造出一个生命吗？”

龙叔叔摸摸小龙崎的头，说道：“从科学上解释，人造生命是指从其他的生命体中提取基因，建立新染色体。随后将这个新的染色体嵌入已经被剔除了遗传密码的细胞之中，最终由这些人工染色体控制这个细胞，发育变成新的生命体。我来仔细地给你讲一讲吧！”

2010 年 5 月 20 日，在 15 年间美国私立科研机构克雷格·文特尔研究所科研人员花费 4000 万美元，创造出了世界首例人造生命。这是完全由人造基因控制的单细胞细菌。科学家给这个“人造生命”起了一个名字，叫作“辛西娅”。“辛西娅”其实是一个人工合成的基因组，是第一个人工合成的细胞，也是第一种以计算机为父母的可以自我复制的生物。这项具有里程碑意义的实验表明，新的生命体可以在实验室里被创造出来，而不是一定要通过“进化”来完成。

其实，这仅仅是一个更宏大工程的一小步，在不远的将来，他们甚至可以提供定制的有机物来满足客户的需求。此外，在未来，科学家还可以制造出能够产出石油或专以二氧化碳为食的“人造生命”，这样，就可以保护我们的环境。“人造生命”将成为非常强大有用的生物学工具。

“人造生命很容易吗？一定不是吧？”小龙崎问道。

“嗯，你说得很对。这是很困难的实验。如何让人造基因序列生成人造染色体是其中的难点。科学家经过多年反复的实验，终于攻克了所有技术难题，才获得了成功。植入的DNA片段包含约850个基因，而人类的DNA图谱上共有约20000个基因。”

小龙崎又问道：“人造生命会给我们的生活带来什么样的影响呢？”

“一些对人造生命持积极态度的科学家们认为，等到技术成熟的那一天，人造生命将会对人类很有帮助。实验室就可根据人们提出的不同需求，量身定制细菌等人造生命，用以完成各种各样的任务。例如：那些被原油污染的海水，人造生命可以对它们进行轻易地清理。因为人造生命可以将所有的原油吃掉，并把它分解成无害的成分。不仅仅是这样，对于今天让环保工作者头痛的塑料和橡胶等垃圾、污染物，它们还可以分解，甚至还可以分解二氧化碳，或生产可用作燃料的氢，等等。”

不可不知的事

人造生命的三个特征

第一，生命必须有一个容器，例如细胞的细胞膜、人的身体等；第二，生命要能够进行新陈代谢，可在酶的催化作用下，跟环境进行物质和能量的交换；第三，生命具有可以被储存和复制的化学指令，这些指令控制着生命活动，并且能复制遗传。

5 万能机器人

自从上次看完了电影《变形金刚》后，小龙崎就迷上了机器人，他憧憬地对叔叔说："我要是拥有一个机器人该多好啊！他就是我的好朋友，可以来帮助我做任何事情！"

叔叔说："就像你在科幻电影上看到的那样，据英国《每日邮报》报道，一款智能机器人被苏黎世联邦理工大学的研究小组建造出来了。最令人感到神奇的是：这款机器人能够使用一个喷胶枪制造工具。它能够自己制造工具，来执行相应的任务。这种真实版可以制造工具的机器人完全超出了人们的预料。我这就带你去看一看吧！"

这款未命名的机器人使用喷胶枪制造了一个茶杯，并用这个茶杯盛水，将水从一个器皿转移至另一个器皿。

目前这款机器人为小型智能机器人。这款机器人将根据精心设定的程序指令制造工具，因此它并不是没有"思维"的机器人。但是该机器人的实效性是非常显著的，机器人能够完成既定任务，有能力设计、制造工具。

“这个机器人是怎么制造出来的呢？一定很复杂吧？”小龙崎问道。

叔叔笑了一下说：“目前，苏黎世联邦理工大学只使用一个喷胶枪，就可以完成机器人的装配工作。”

“真是太厉害啦！那么，这个机器人的工作原理是怎样的呢？”小龙崎又问道。

“这个机器人使用喷胶枪逐层制造物体，就好像是 3D 打印机的工作原理。最终，它很可能设计、制造一系列工具，以及可以设计不同物体的蓝图。”

接着，龙叔叔启动了这个机器人，只见机器人使用喷胶建造了茶杯的底部和侧面，再进行逐层打印，最终制造出了一个茶杯。

“啊！真是太快啦！才用了 30 多分钟。”小龙崎赞叹地说道。

“这里的研究人员正在进行研究，使这种机器人技术能够用于自我修复，或者建造具有相同体积和功能的机器人，甚至建造其他的机器人。”

不可不知的事

英国的机器人

早在 20 世纪 60 年代，英国就研制成功了排爆机器人。主要原因是由于民族矛盾，英国饱受爆炸物的威胁。英国研制的履带式“手推车”及“超级手推车”排爆机器人，已向 50 多个国家的军警机构售出了 800 台以上。最近，英国又将手推车机器人加以优化，研制出了“土拨鼠”及“野牛”两种遥控电动排爆机器人，“土拨鼠”重 35 千克，在桅杆上装有两台摄像机。“野牛”重 210 千克，可携带 100 千克负载。

6 按需克隆的人造器官

小龙崎和龙叔叔要去参观人造器官实验室，刚一进实验室的门，小龙崎就担心地说：“龙叔叔，我听说大多数的移植器官都来自意外事故中失去生命的人体，真是好可怕呀！”

“这不可怕啊！随着社会的发展，器官移植日渐普遍，但是器官移植会伴随很多的问题。当患者获得其他人的器官的时候，他的免疫系统就会断定是有异物进入了自己的身体，因此需要用药物来压制排异反应，才能让新的器官和身体融合。我来给你讲一讲相关的知识吧！”

人造器官主要有三种：机械性人造器官、半机械性半生物性人造器官、生物性人造器官。

机械性人造器官是完全用没有生物活性的高分子材料仿造一个器官，器官的动力需要借助电池。目前，人造皮肤和血管已经被日本科学家利用纳米技术研制出来了。半机械性半生物性人造器官是将电子技术与生物技术结合起来。这种人造肝脏将人体活组织、人造组织、芯片和微型马达奇妙地组合在一起。在德国，已经有肝功能衰竭的患者接受了人造肝脏的移植。预计在今后 10 年内，这种仿生器官将得到广泛应用。

“那什么是生物性人造器官呢？”小龙崎问道。

“利用动物身上的细胞或组织，制造出一些具有生物活性的器官或组织。生物性人造器官又分为异体人造器官和自体人造器官。比如，在猪、老鼠、狗等身上培育人体器官的实验已经获得成功；而自体人造器官是利用患者自身的细胞或组织来培育人体器官。”

“这真是太神奇啦！人的身上移植了猪身上的器官也能正常生活吗？刚才您说会产生排异反应啊！”小龙崎觉得有些不可思议。

龙叔叔点点头说：“嗯，是的！前两种人造器官和异体人造器官，移植后会让患者产生排斥反应，因此科学家最终的目标是患者都能用上自体人造器官。诺贝尔奖获得者吉尔伯特认为，用不了 50 年，人类将能用生物工程的方法培育出人体的所有器官。”

小龙崎推测说：“照这么说的话，在不久以后，医生只要根据患者自己的需要，从患者身上取下细胞，植入预先由电脑设计而成的结构支架上，随着细胞的分裂和生长，长成的器官或组织就可以植入患者的体内喽！”

龙叔叔笑着问：“英国的科学家已经研制出一个完全模仿人体消化过程的高科技机械，称为‘人造胃’哦！”

不可不知的事

英国研制出的“人造胃”

2006年11月，英国某个食物研究所的一位博士和同伴研制出了“人造胃”。这是一个由塑料和金属制成的装置。它经得起胃里的酸和酶的腐蚀，科研人员可以根据这个“人造胃”开发出超级营养品。

人造胃由上、下两部分组成，就像是一个巨型计算机。其上半部分是一个带有蓝色漏斗的圆筒容器，食物被倒入容器内。这里是食物、胃酸和消化酶进行混合的地方。一旦这一过程完成，食物就会在下面装在一个透明盒子里的一条银制管子里被碾碎。在我们真正的胃里，食物随后将被人体吸收。其中食物在胃里某个特定部位停留时间的长短，在不同阶段的激素反应等，都是由电脑完成的。

7 应不应该克隆人

小龙崎走在探险的路上，看到前面有两个长得一模一样的人走了过来。小龙崎定睛一看，原来是一对双胞胎兄弟。他的小脑瓜里又蹦出了奇思妙想：“要是能够克隆出一个我，那我真是太开心啦！”

龙叔叔说道：“克隆人已经不是科幻小说里的梦想啦！我们完全可以在现实里去实现啊。目前，已经有三个国外组织正式宣布他们将进行克隆人的实验，美国肯塔基大学的扎沃斯教授正在与一位名叫安提诺利的意大利专家合作，计划在两年内克隆出一个人来。由于克隆人可能带来复杂的后果，一些生物技术发达的国家，现在大都对此采取明令禁止或者严加限制的态度。”

“克隆人真的像魔鬼一样可怕吗？”小龙崎问道。

人们不能接受克隆人实验的最主要原因，在于传统伦理道德观念的阻碍。千百年来，人类一直遵循着有性繁殖方式，而克隆人却是实验室里的产物，是在人为操纵下制造出来的生命。

这是一种和传统的由血缘确定亲缘相悖的伦理方式。正是由于这样的原因，所以克隆人在人类传统伦理道德里根本就没有办法找到合适的位置。克隆人出现的伦理问题应该被人们正视，但没有理由因此而反对科技的进步。科技带动人们的观念更新是历史的进步。历史上刚一出现输血技术、器官移植等技术的时候，都曾经带来极大的伦理争论。在1978年，首位试管婴儿出生时，更是掀起了轩然大波，但现在，人们已经能够正确地对待这一切了。这表明，在科技发展面前不断更新的思想观念并没有给人类带来灾难，恰恰相反，它造福了人类。

小龙崎点点头说："龙叔叔，您说得对。比如，当一个人需要骨髓移植而没有人能为他提供时，当一些父母不幸失去孩子而无法摆脱痛苦时，当一些父母想养育自己的孩子却又不能生育时……克隆的巨大科学价值和现实意义也许就会体现出来了。"

龙叔叔说："你这小脑瓜还挺灵活的嘛！就克隆技术而言，在生产移植器官和攻克疾病等方面，治疗性克隆将会获得突破，给生物技术和医学技术带来革命性的变化。因为治疗性克隆的研究和完整克隆人的实验之间是相辅相成、互为促进的，治疗性克隆所指向的终点就是完整克隆人的出现，如果加以正确的利用，它们都可以为人类社会带来福音。但是在我国克隆人研究是违法的行为。"

不可不知的事

我国克隆人研究违法

在我国，克隆人的研究是违背《计划生育法》的做法。克隆人的过程对于克隆人的生命健康存在着情节严重的伤害行为，这是违背宪法、刑法精神的行为。通过克隆方式产生的生命大多存在着残疾、夭折等情况。所以可以推测出，在制造克隆人的过程中必定会出现各种各样的残疾的人类，或是残疾的胚胎，或是残疾的婴儿。就我国而言，国家实行计划生育，人类自然生产都在限制之列，何况，我国人口的自然繁衍生育能力很强，进行另一种人口生产的实验是没有任何必要的。

8 人类登陆的下一站

这天，小龙崎和龙叔叔来到了天文馆里参观飞船。看着眼前的飞船，小龙崎的思绪也被它带到了太空。他问龙叔叔：“飞船真是太神奇了，那么远的月球我们都可以到达。那我们人类登陆的下一站会是哪里呢？”

龙叔叔摸摸小龙崎的头笑着说：“1969 年 7 月 20 日，美国宇航员尼尔·阿姆斯特朗从‘阿波罗 11 号’飞船登月舱走出，在月球表面留下人类的第一个脚印，实现了人类的登月梦想。从那个时候起，人们就开始设想，在 21 世纪初期，人类应该可以征服月球，还可以对木星的卫星进行侦察。可是，时间一天天过去，我们还在地球上转悠。现阶段的宇宙探索似乎走到了一个‘交叉路口’，发展的方向找不到了。在这个问题上，即使是曾经成功登月的宇航员们也存在着分歧。但是，在未来，我们也许可以去其他的星球上看一看！”

在未来，我们可以着陆小行星。虽然这个想法听起来或许有些疯狂，但是将人类送上小行星是完全有可能的。我们去到小行星需要的太空船与我们眼前的这艘载人登月的太空船在主体部件上是一样的，而且，由于小行星的重力可以忽略不计，所以在探测活动中载人登上小行星的太空船将会更加节省燃料。你知道吗，到目前为止，天文望远镜已经发现了至少 9 颗小行星具备登陆的可行性。

往返小行星的时间在 90 ~ 180 天，虽然比短短 6 天的月球之旅要长很多，但却比长达一年之久的火星之旅短不少。

小龙崎说："我们登陆小行星要去研究什么呢？"

"如果地球与一颗中等大小的小行星相撞，所产生的力量便如原子弹一般。有科学家将 6500 万年前恐龙灭绝的原因说成是地球与一颗小行星的撞击。2004 年，科学家发现一颗木星的小行星有可能在 2036 年撞击地球。如果我们可以成功登陆小行星，我们就可以挽救人类啊！"

龙叔叔顿了顿接着说："不仅仅是这样，小行星上面蕴藏着丰富的矿产资源。参与'阿波罗 9 号'飞行任务的罗杰·史维考特说：'小行星是长期资源、潜在威胁和巨大科研价值的结合体。在我看来，登陆小行星远比重返月球更加造福于公众。'"

不可不知的事

定居其他行星

如果我们要定居其他的行星，需要制造食物、水、空气和其他生命必需品的各种技术。在定居地能够实现自给自足也十分重要。

被选择定居的行星或者卫星，一定要有稳固的表面。也就是说木星、土星、天王星和海王星已经被排除在外了，因为它们全都是气雾状行星，没有固体的表面。另外，行星或者卫星的温度不能够太高。水星的地面温度在400摄氏度以上，因此，在理论上，在它上面人类根本就没有办法定居。除此之外，行星的引力也不能太弱，否则人不能在地表直立行走。月球的引力只有地球引力的1/6，被选择的行星或者卫星上的引力不能低于月球的引力，这样，又有很多小的卫星不适合人类定居。

太阳系中的其他地方并不像地球一样的“好客”，因此，在定居地最初的生活一定是非常窘迫的。第一批其他行星的定居者，如果没有一定的勇气和技能，在艰难的条件下是根本不能生存下来的。

9 定居火星

从天文馆回来后，小龙崎一直在思索着这样的问题：在火星上是否存在生命形式？人类能否在火星上生存？他把这些问题提给了龙叔叔。

龙叔叔听了他的问题后，对他说：“对于你说的这些问题，科学家已经探讨了一个多世纪。这些问题什么时候能够解开呢？只有登上那个红色的星球，我们才能真正了解到我们所生活的这个宇宙到底是生机勃勃的，还是弥漫着死亡的气息。我来给你具体讲讲吧！”

1996 年，美国科学家有了一个重大发现。在数百万年前落到地球上的火星石块中，他们发现一些被认为是细菌的东西曾经生活在火星上。虽然也有科学家对这一发现表示怀疑，但这项发现还是引起了人们对火星的兴趣。紧随着月球之旅后的下一个目标是火星。因为除了地球之外，目前还没有发现任何行星像火星这样适合生命物质。火星表面接收到的阳光比地球上的弱，并且温度能始终保持在一定的范围之内。在温暖晴朗的日子里，火星赤道的温度总是保持在 10℃ ~ 15℃。

科学家在 20 世纪 90 年代末期，就开始了正式的行动。1997 年，空间探测器“探路者号”到达火星。它将拍摄到的火星图片发送回地球呈现在网络上，几亿人都能看到。如今，已经有两个空间探测器被发往了火星。天文学家预计，在不久的将来，能用滚动式机器人研究火星表面，第一个火星样本也将在那时候传回地球。这些研究对于人类将来飞往火星很有帮助。

小龙崎思索了一会儿问道：“我们应该选择一个什么样的时机向着火星冲刺呢？”

龙教授说：“因为火星和地球都是围绕太阳的行星，火星绕太阳一周的时间大约是地球的 2 倍。因此，火星与地球之间的距离变化很大。从地球飞往火星的最好时机大约是每 15 年出现一次。就目前而言，2016 ~ 2018 年特别适合飞往火星。但是，不知道我们能不能够利用上这个机会，因为载人的火星之旅也许要到 2020 年后才能实现，但是，我们可以想象一下未来火星之旅的样子。”

不可不知的事

未来的火星之旅

2030年，在围绕地球的空间站中，有两架宇宙飞船，一架无人驾驶，用来装载宇航员需要的各种物品，它将提前一年被发送到火星上。在火星上，要建立基础设施，包括电厂、宇航员生活的基地，还有能从火星上提取水和氧气的机器。

火星站将由机器人来负责建造，它们受到地球上的监控。机器人先挖掘出冰冻的泥土，然后通过专用的机器过滤出水并保存在水箱中，随后再根据需要将一部分水转变为氧气。一直到确认火星站能够完好运行，载有宇航员的宇宙飞船才会出发，这一飞行至少要持续4个月。

在飞行过程中，宇航员照常生活和工作。在到达火星之后，宇航员必须长期留在火星上进行研究，直到地球和火星再次最接近的时候才能够离开。因此，火星站的正常运行十分重要，因为它一旦出现了问题，宇航员将无法得到地球上的任何帮助。

宇航员在火星上要做的事情很多，他们需要研究石块和土质。制造出在他们离开之后，还能继续进行测量的科学用具。火星车将带着他们到处去发现和探索。在火星上，有着太阳系中最美丽的风景，比如说巨型的奥林帕斯火山以及4000米长的水手谷。宇航员离开火星重新回到地球的时候，会留下机器人来看护火星站，为下一批宇航员的到来作准备。

10 再次来临的冰河时代

这天，小龙崎和叔叔来到了格陵兰岛上。望着四周白茫茫的冰川，小龙崎兴奋地说："我听说冰河时代会再次出现在地球上，是这样吗？"

龙叔叔说道："是的，冰河时代有可能再次来临哦！很多科学家认为地球目前处于间冰期。意思就是说两次冰河时代之间的温暖间隔期。这就意味着冰河时代会再次到来。"

至今，科学家仍旧没有办法肯定冰河时代是因为什么产生的，因此也就没有办法确定人类是不是能够再次经历冰河时代。如果冰河时代再次来临，比如说在未来的2万年中出现，将会给人类带来严重的后果，北半球的大部分地区都将覆盖在厚厚的冰雪之下。

在几亿年前，只有一个原始大陆泛古陆，后来，古大陆逐渐分裂开来。如今美洲和非洲每年都在背向漂移几厘米。照这样的趋势继续下去，科学家推测，在几亿年后美洲将和西伯利亚相撞，而非洲向北漂移，与欧洲相接，地中海将最终消失。

“那有好多国家都要被淹没吧？”小龙崎又问道。

“你说得对！北部的国家，例如俄罗斯、瑞典、芬兰、挪威和加拿大将消失在冰雪之下，这些国家所有的生命迹象也将随之消失，也许冰雪会继续向南推进，威胁到伦敦等大城市。”

“真是太可怕啦！危害真的好大啊！”小龙崎睁大了惊恐的双眼。

“任何事物都是两面性的，地球上的气候变冷尽管会带来负面的影响，但是非洲干燥炎热的地区却可能成为肥沃的土地。撒哈拉沙漠在上一次冰河时代就曾经拥有过温和的气候。如果沙漠地区因此变得适宜居住了，不也是人类所希望的吗？也许下一次冰河时代会再次导致人类大迁徙，人类也可能会从地球迁徙到其他的星球上，就像 19 世纪几百万人从欧洲迁徙到美洲那样呢！”

不可不知的事

冰期的标志

全球性大幅度气温变冷是冰期最重要的标志，在中、高纬（包括极地）及高山区，广泛形成大面积的冰盖和山岳冰川。由于水分由海洋向冰盖区转移，导致了大陆冰盖不断扩大、增厚，引起海平面大幅度下降。所以，冰期盛行时的气候主要的表现是干冷。冰盖的存在和海陆形势变化，使得气候带也相应移动，大气环流和洋流都发生变化，动植物生长、演化和分布都会受到影响。

四、惊人的人体科学

1 人喝太多的水真的会死

小龙崎走在路上，对前面的龙叔叔抱怨说："龙叔叔，我快要渴死了，我要喝很多很多的水！"

龙叔叔转过头，笑了笑说："人如果喝了太多的水，就会致死哦！"

"啊？您说什么？"小龙崎吃了一惊。

"我来给你讲讲吧！"

喝水致死在成人中是很少见的。如果喝水过多，症状一般表现为头痛、恶心、缺乏协调力、不正常的低温和癫痫发作。所有这些症状都是由于人体所有组织内渗透压的改变引起的水中毒，或者说醉水，而渗透压的改变是由于水从细胞周围的液体流向细胞内部造成的。

小龙崎不解地问："这样就会死掉吗？"

龙叔叔点点头说："对啊！上面的反应就会导致两个严重的后果：一是体内液体的增多造成大脑颅内压升高，这会导致癫痫发作甚至死亡；二是会导致血容量下降，这样一来，血循环就会中止。如果这些症状一起发作的话，就很容易致死。"

小龙琦听后，吓了一身的冷汗。龙叔叔看他那恐惧的样子，说道：“放心吧，一般不会有问题的。”

不可不知的事

什么时候喝水最好?

早晨7时：早晨刚起床，身体经过了一晚上的消耗正处于缺水状态。清晨也正是肾脏解毒的时间。在这个时候喝水，有助于帮助身体恢复正常的新陈代谢，起到排除身体毒素的作用。

上午9时：此时要喝水，为上午的学习和工作作好充足的准备。

中午13时：这时候大多数人都已结束午餐半小时左右，喝水能帮助消化。

下午15时：此时是小肠的排毒时间，所以要喝水。

傍晚17时：这时的身体处于极度疲惫和饥饿的状态，也是肾脏排毒的时间，味觉也最为敏感。这个时候喝水为身体补充能量的同时，还增加了饱足感，在晚餐的时候，可以控制人体摄入过多的食物，避免暴饮暴食带来的肥胖。

夜间21时：此时是人体免疫系统的休息与排毒时间。这时候喝水可以调节血液浓度，补充睡眠中因出汗而丧失的水分。

2 被人忽略的人体“第三眼”

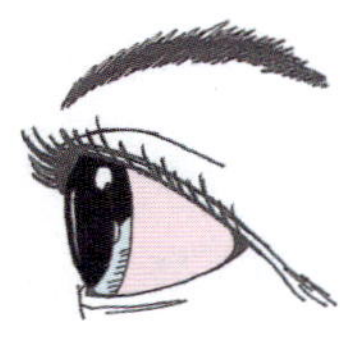

“龙叔叔，在《西游记》中，二郎神杨戬就有三只眼，这第三只眼具有特异超凡的功能，能够识破孙大圣的七十二变。我们人类可以有第三只眼吗？”

龙叔叔神秘地说：“又被你说中了，我们真的有第三只眼哦！”

“真的吗？在哪里在哪里？”小龙崎迫不及待地追问道。

人们通常会忘记了自己的第三只眼，有的人从来没有想过它的存在，这只是因为这只额外的眼睛已经离开了脸部表面这个原来的位置。现在它深深地埋藏在大脑的丘脑上部，而且拥有了另外的名字——松果腺体。

人的第三只眼已经变成一个极为独特的、专门的腺体，人体中除了松果腺体以外，再也没有其他腺体具有星形细胞。

星形细胞和普通的细胞不同，它在大脑半球中的含量十分丰富。至于腺体和神经细胞究竟为什么会盘根错节地缠绕在一起，人们还不是很清楚。

现在，第三只眼和另两只眼睛相比虽然功能完全不一样，但还是有点关系的。松果腺体对太阳光有极强的敏感性，它通过神经纤维与眼睛相联系。在太阳光十分强烈时，松果腺体受阳光抑制，分泌松果激素较少；相反，如果碰到阴雨连绵的天气，松果腺体就会分泌出较多的松果激素。

小龙崎摸摸自己的头说：“这也太神奇啦！”

“人们发现，钙、镁、磷、铁等晶体颗粒含在第三眼的组织结构中，人们称之为‘脑砂’。这种奇怪的称之为‘脑砂’的东西，刚出生的婴儿是根本没有的。在15岁以内的孩子中也极为少见，但是15岁以后，脑砂的数量就开始逐年增加。在第三眼中有那么一小堆‘脑砂’，竟丝毫不会影响它本身的功能。看来，科学家要好好地研究才能得出结论啊。不仅是第三只眼睛，我们也要保护好自己的其他两只眼睛哦。

不可不知的事

护眼常识

我们在平时生活中认定的一些护眼常识，也许是不正确的哦。

如果我们眯着眼睛看东西，易伤害视力吗？答案是“不会”。眯着眼睛看东西，主要是为了使瞳孔变小，进入眼睛中的光更少，增强聚光，因而看东西更清楚。这个动作无损视力。

如果我们在昏暗光线下看书或字太小会伤视力吗？答案是不会。当光线昏暗的时候，人的瞳孔就会放大，视网膜不会因外部光线的强弱而受到损伤。

如果我们离电视机太近或长时间盯着电脑屏幕会损伤眼睛吗？答案是“不会”。这种情况虽然会伤害我们的眼睛，但这只是暂时性的。如果我们长时间地盯着屏幕，眨眼次数就会减少，这时候，泪膜就会变干，进而影响到视物效果，但是这只是暂时的现象。

如果我们吃胡萝卜就会改善视力吗？答案是多数情况下不会。饮食对视力很重要，但是这并不意味着整天吃胡萝卜，视力就会得到改善。维生素A缺乏会导致视力减弱，但过量摄入也不会增强视力。有些食物确实是对视力有益的，例如含有叶黄素的菠菜和西兰花等。

3 不一样长的手指

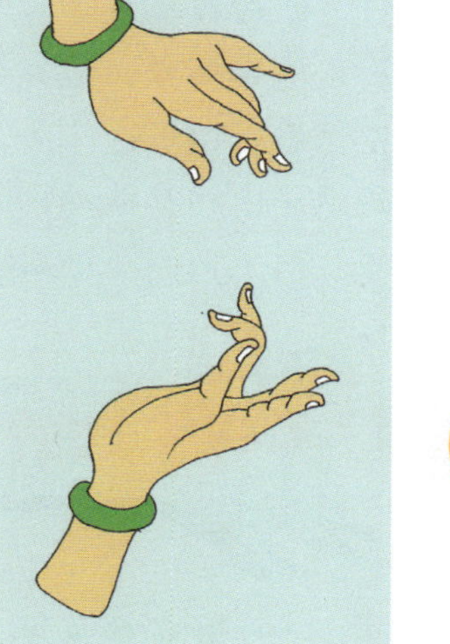

小龙崎的探险之路一步步走来，真是很不容易。他和龙叔叔一起越过高山大河，一起走过荆棘坎坷。这不，眼前就又被一条深沟拦住了去路。

“这可怎么过去啊？要是有一个热气球就好啦！我们就可以乘着热气球飞过去！”小龙崎笑着对龙叔叔说。

“这有什么难的啊！我们那么多路都走过来了，这更不算什么了！来，把手给我！”说完，龙叔叔拽着小龙崎的手走下了深沟。

看到叔叔拽着自己的手，小龙崎的心里暖暖的。这时，小龙崎的脑海中又涌现出了一个问题：“我们的手指的长度为什么是不一样的呢？”想到这里，小龙崎就马上向叔叔请教了。

在胎儿时期，人类的手指最初形成时都是一样长的，不过每一根手指都有一个特殊的“遗传码”或特征。这时，每根手指大约都是1毫米长，并由已作好生长计划的软骨细胞构成。由于每根手指有它自己的特性，个体发育时，手指通过使用一种特殊的“信号传输分子”独自成长。每根手指都会接收到一个不同的信号，从而使得手指的长短不一。拇指是受信号传输分子的影响最小的手指，所以比较短。这就是手指长得长短不一的原因。

“可是，为什么会这样呢？”小龙崎又有了新的疑问。

龙叔叔笑了笑说：“对于你这个问题就很难回答了。或许这是为了让我们的手指可以尽可能地握紧，或许是为了当大多数人把手握起来时，指尖能达到同一个位置——你可以试试看。说了这么多，但其实和其他一些生物相比，人的手指还是相当均匀的。例如蝙蝠的爪子比起其他动物的长很多；翼龙最引人注意的是，它有一根巨大的大爪子和三根小爪子。对了，你注意到我们手上的指纹了吗？它的用途可是很大的哦！”

不可不知的事

指纹的用途

指纹由皮肤上的许多小颗粒排列组成，这些小颗粒感觉非常敏锐，只要我们用手触摸物体，感觉到的冷、热、软、硬等各种“情报”，指纹就会立即通报给大脑这个司令部，然后，大脑根据收到的这些“情报”，发号施令，指挥动作。不仅如此，指纹还具有增强皮肤摩擦的作用。我们的手指能紧紧地握住东西，不会轻易滑掉，就是由于指纹的这种特性。我们平时画图、写字、拿工具、做手工，能够那么得心应手，运用自如，指纹功不可没。

4 耳屎的作用

龙崎的问题

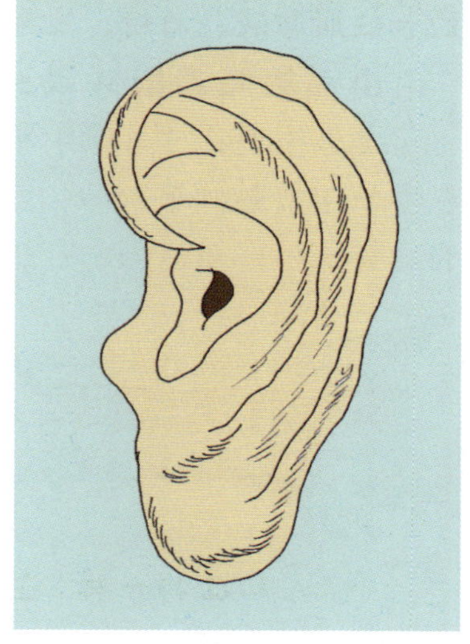

一早起来，小龙崎就觉得自己的耳朵里面怪怪的，好像里面有一只小虫子似的，痒痒的，有时摇晃一下头，还有悉悉索索的声音。小龙崎对走在前面的龙叔叔说：“龙叔叔，我的耳朵好痒啊！是不是里面进了小虫子啊？还是被耳屎堵住了啊？您来帮我掏一掏吧！”

龙叔叔笑着转过头，对小龙崎说：“可不要乱掏耳朵哦！耳屎对我们的身体也是很重要的！”

“啊？耳屎也有作用？我可从来都没有听说过，我只知道耳屎闻起来臭臭的！”小龙崎对龙叔叔说的话有些怀疑。

叔叔停下前行的脚步，对小龙崎说：“让我来给你讲讲吧！”

我们的外耳道像弯曲的管子一样从耳膜通向大脑外部。在外耳道中包含一些毛发和制造耳屎的腺体。毛发和耳屎一起帮助你抵挡进入耳朵的尘埃和污垢。通常腺体制造出来的耳屎刚好够用，所以你的耳朵不需要清理。事实上清理会促使腺体分泌更多的耳屎。只有当耳朵有些不正常——例如受感染了，产生了过多的耳屎，才有必要请医生来清洁耳朵。注意千万不要清除耳道里面的耳屎，只需用棉棒清洁耳朵外面的部分就可以了。

耳屎本身是脱落的角质化细胞的混合物，另外也被认为是干燥的皮肤和毛发与外耳孔的耵聍腺和皮脂腺所分泌的分泌物组成的混合物。耳屎的主要组成成分是饱和的和不饱和的长链脂肪酸、酒精、鲨烯（鱼肝油中发现的一种化学物质）以及胆固醇。

小龙崎皱着眉头说：“为什么耳屎味道那么难闻呢？”

龙教授说：“耳屎中所含的长链脂肪酸的成分是黄油和人造黄油，当这些脂肪酸暴露在空气中接触到氧气后，就被氧化了，使黄油和人造黄油变得有腐臭味，因此耳屎也同样有腐臭味！你知道吗，有些人的耳朵还是会动的呢！”

不可不知的事

有些人耳朵会动的原因

人和动物一样，在耳后有一块动耳肌，动耳肌可以在神经支配下进行活动。现在，有的人动耳肌退化了，耳朵就不会动了；而有的人动耳肌没有退化，所以耳朵会动。而动耳肌没退化的人为数不多。

生物学上证明耳朵会动是天生的，不是后期成长的，而是带一点遗传因素。耳朵会动是大脑皮层发达的表现，使脑神经更有力，这类人的意志力与洞察能力比普通人往往会更强一些。

5 不对称的人体器官

早晨洗完脸，小龙崎拿着镜子照了好长时间，龙叔叔感觉到有些不对劲，但又说不出哪里不对劲。这时，小龙崎神秘地对龙叔叔说：“龙叔叔，我发现了一个秘密哦！这可能是我首先发现的呢！”

“什么秘密？说来听听啊？”龙叔叔饶有兴致地对小龙崎说。

“我发现我的两只眼睛不是一样大小的，也就是说不是对称的！”小龙崎像发现了新大陆似的说道。

听完小龙崎的话，龙叔叔大笑起来：“哈哈！你发现得晚啦！在人们的印象中，人体的左侧和右侧好像都是对称的。因为我们都知道，如果通过鼻子到两腿中间作一条中轴线，那么，一双手、两条腿、两只眼睛和一对耳朵会显得十分对称。其实，人体的左右两侧并不完全对称。从外到里没有一个是对称的！我来给你讲讲其中的奥秘吧！”

从外表看来，人是左右对称的，但实质上左右肢体器官的形态、功能，却存在许多有趣的差异。我先跟你说人的五官吧！就像你刚才说的，人两只眼的大小不是完全一样，一般都是右眼大于左眼，而且右眼的使用率比左眼要高得多。

在我们的人群中，主用右眼的人约占65%，主用左眼的人约占 32%，双眼不分主次的人只有 3%。我们人的主用眼在平时要担负起的视觉任务占到 90%，另一只眼则只起辅助作用。

我们的左耳的听力均比右耳要强，而且左耳对带有感情色彩的音乐，辨别的能力也比右耳强。可是，用右耳听东西却比左耳记得牢。

我们用右耳听到的信息传入大脑的左半部，随着我们年龄的增长，大脑左半部的记忆功能比右半部要强。除了这些，我们身上不对称最明显的例子就是手和脚。大多数人右手比左手有力，但是右手却没有左手温度高。

“我看到我周围的大多数人习惯用右手写字、做手工、拿工具。也有少数人偏爱用左手，我们都称那样的人为‘左撇子’。”小龙崎说道。

龙叔叔笑着点点头说：“对！在人群中约占 66% 的人习惯用右手，约有 30% 习惯左右手混用，左撇子只不过占 4%。但是，即使是左右手混用的人，他的两只手也不完全一样，手的长度不一样，指纹也不一样，力气也会不完全一样。我再来跟你说说脚，在 20 ~ 50 岁之间，男女左脚接触地面的面积全都大于右脚。因为左脚主要起支撑作用，而右脚却用来做各种动作。你知道吗，人脸的表情，左右都不是完全一样的哦！”

不可不知的事

不完全一样的人脸表情

人脸两侧的表情是不完全一样的。通过相关的研究发现，右侧脸是“开放性”的，是可以由人的意识来支配的，能表达一个人想要表达出来的感情；而左侧脸则是“闭关性”的，会不经意地流露出下意识的感情，所以，左侧脸表达的感情是真实的。我们在讲话时，嘴唇、舌头和两颊的动作，活动得特别积极的几乎都是右半边脸。而有音乐才能的人，却习惯于用左侧脸。研究证明，不管是贝多芬、舒伯特、柴可夫斯基，还是现代歌唱家、演奏家，几乎全都如此。

6 男人也能生孩子

小龙崎从电视上看到国外的报道，有一个男人生了孩子。他觉得太不可思议了。于是，问龙叔叔：“男人真的也能生孩子吗？真的好奇怪啊！”

“那个‘男人’是女人‘变成’的。这个以后再跟你说。但是，现在可是有人提出了‘男妈妈工程’哦！”

“男妈妈工程？什么是男妈妈工程啊？”小龙崎第一次听说这样的名称，感到十分好奇。

龙叔叔对小龙崎解释说：“男妈妈工程，就是把发育到一定阶段的健康胚胎移植到男人腹腔的某一个特定的部位，并通过不断补充雌性激素，从而形成一个完全模拟母体环境的雌性环境，等到怀孕的日期满了之后，对受孕的男子施行剖腹产，取出婴儿，这样就会完成整个生产过程。我来具体给你讲讲吧！”

如果仅从技术角度来讲，男人生孩子是完全可行的。从理论上来讲，男人生产首先是利用第三代试管婴儿技术，这是目前最先进的技术。可以先利用这个技术来完成胚胎的先期培育，然后将健康胚胎从试管中取出来，然后移植到男人腹腔的某一个特定部位。这个和试管婴儿不同，试管婴儿是把胚胎移入胚胎通常生存成长的子宫内。

小龙崎细心地听着，还是觉得有些不可思议，他问道：“移入男人腹腔的某一特定位置，要怎么选择呢？”

龙教授说：“这一位置必须是适合胚胎的生长环境的，情况需要类似于子宫。这一位置必须确保有适当并充足的血液供应，这样，胚胎的生长和发育过程中的正常需要才能够被确保；第二点，这一特定部位对重要功能的脏器器官必须远离。除此之外，还必须远离人身体主要的供血血管，以防止婴儿在成长过程中，对受孕男子的这些重要脏器器官功能造成一定影响，并防止在孕期将满施行剖腹产时触及这些重要的脏器器官，从而危及受孕男子的生命安全。当然，这项技术目前正在理论阶段。”

不可不知的事

奇怪的海马

生活在热带水域中的海马长着一个像马的脑袋。它们用尾巴缠在海藻上，懒洋洋的一动不动。在海马的世界里，有一个现象非同寻常，那就是负责怀孕生子的是海马爸爸。在海马爸爸身上长着育儿袋，就像袋鼠一样，海马妈妈会把卵产到海马爸爸的育儿袋里，这样海马爸爸就“怀孕”了。小海马们在育儿袋里，将会得到爸爸的悉心照顾，除了享受爸爸提供的一个安全、恒温的环境以外，它们还能得到爸爸提供的养分，就好像是哺乳动物的乳汁。就这样，小海马在爸爸的育儿袋里生活30～60天以后，小海马们就“出生”了，变成可以自由活动、自己觅食的小海马了。

7 爱因斯坦的大脑

一群专业的自行车队员骑着赛车驶过了小龙崎和龙叔叔的身边，看着他们远处的背影，小龙崎羡慕地说：“我也喜欢运动，我最喜欢骑车啦。”

龙叔叔听后，笑着说：“对啊！有一位科学家从小就非常喜欢运动，一直坚持到了老年。大家送给他一个尊称，叫作‘老年运动家’。即使在学习或工作十分紧张的情况下，他仍抽空参加多种文体活动，尤其喜欢爬山、骑车、赛艇、散步等体育活动。有人形容他工作时的劲头简直就像是一个疯子，似乎有着使不完的精力。你知道他是谁吗？”

小龙崎想了一会儿，也没有想出结果。看他那为难的样子，龙叔叔说：“我来告诉你吧，他就是爱因斯坦！”

“啊！爱因斯坦是一位伟大的科学家！”小龙崎拍着手说，“龙叔叔，我想到一个问题，爱因斯坦的大脑比我们的要大吗？不然他怎么会那么聪明呢？”

我们的智力和大脑的大小没有关系，而爱因斯坦也证明了这一点。因为爱因斯坦就是一个小额头的人，而不是大额头

的人，因此，相对地，他有一个较小的大脑——事实上，他的大脑甚至比人类大脑的平均尺寸要小。使爱因斯坦特别聪明，并使很多人要比其他人聪明的关键是他们大脑里神经元连通的能力。你能连接得越多，你就越聪明，而和你大脑的自然尺寸没有什么关系。要知道，有着超过地球上人数20多倍的神经元在你的大脑里，而你使得那么大数量的神经元互相接触得越多，你就会越聪明。

“哦，那我要使我的大脑里的神经元多接触一下啦！这样我就会变得更聪明啦！”小龙崎说道。

“你已经很聪明啦！对了，我顺便说一下，神经元可是我们身体里最长寿的一些细胞了，其中一些甚至会伴你一生。教你一个了解你大脑中神经元数量的方法：如果把一张纸当成你的一个神经元，然后把纸叠加起来，最终你将会得到一个8850千米高的纸塔，是珠穆朗玛峰的1000倍。我们要好好地开发和保护我们的大脑，你知道吗，经常性倒时差会给大脑的健康带来危害哦！”

不可不知的事

频繁倒时差会损坏记忆

经常性地倒时差会给大脑的健康带来危害。如果一个人经常横渡许多时区，他的大脑将会受到损害，记忆方面也会出现问题。出现这种问题的原因可能是大脑在人们频繁倒时差的过程中释放的应激激素，这种应激激素会损坏顶叶和记忆。不过，一般人不需要为这件事情感到担忧，因为很少有人会几乎每两个星期就会横跨多个时区飞行一次。不仅仅是这样，轮班工作的人也面临同样的危险。与经常性倒时差一样，频繁地改变工作时间也会给身体和大脑带来压力。

8 同一个人会有两种血型

龙崎的问题

小龙崎和龙叔叔走在路上，突然看到前面被一群人围住了，大家围得里三圈外三圈的。小龙崎紧张地问道：“龙叔叔，前面发生了什么事？”

龙叔叔快走了几步，轻轻地扒开前面的人群，看清楚了里面的情况。原来是一位行人被飞速行驶的车撞倒了。很多鲜血从他的腿上流了出来，他倒在地上痛哭地呻吟着。过了一会儿，一辆救护车赶来了，拉走了受伤的人。

小龙崎担心地问道:“龙叔叔,那个人一会儿到了医院就要输血吧？他流了好多血啊！”

龙叔叔回答说：“嗯，具体要看他的失血量。”

一个问题这时出现在了小龙崎的脑海里，他对叔叔说：“叔叔，你说同一个人会有两种血型吗？”

一般来说，一个人的血型是固定不变的，一般人都只有一种血型，不过也有少数例外。某些双胞胎可能拥有两种血型。

比如说红血球的六成是 O 型，四成却是 A 型。这是因为在母体内的胎儿期当中，其中一人的造血组织混入另外一个人的，

继续制造红血球，因此才会产生两种不同血型，不过对健康完全没有影响。

另外，有一种比较罕见又特殊的血型是“亚孟买血型”，属于孟买血型的一种分支，是指血液中A型或B型特征不明显，所以被误以为是O型。这在输血时是很危险的，所以在输血前，最好先做“亚孟买血型筛检”，来确保自身安全。在人类学上，根据A型、B型及AB型三型的出现率的多少组成一个指数，叫作“种族生化指数”，用来研究各种血型在各人种中的分布规律。

“那是怎样分布的呢？”小龙崎问道。

“欧洲西北部、西南非、部分澳大利亚及南印度和中美洲是O型的高频率分布区；中亚及北印度是B型的最高频率分布区；在欧洲、西亚及澳大利亚南部的土著中，A型的分布率是最高的。其实，除了我们人类之外，动物也有血型哦！”

不可不知的事

动物的血型

过去人们认为只有人类才有血型，其实，狗、鸡和许多动物都有血型系统。在美国缅因海湾生活着4种血型的鱼鲨。还有8种抗原类型或类型的组合的大马哈鱼。不同地区的不同种群的血型是不同的。我们平时饲养的家畜也都有血型，马有4种，牛有3种，猪也有4种。

9 有记忆功能的心脏

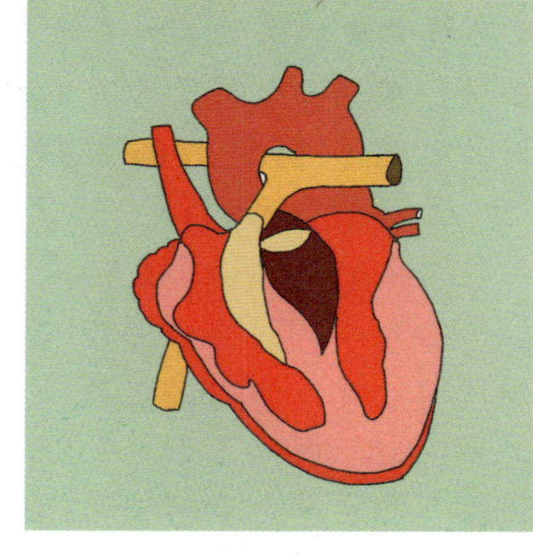

“我记得明明放在这里了啊！怎么会找不到了呢！”小龙崎一边在自己的背包里东翻西翻，一边自言自语地说。

龙叔叔嗔怪道：“你的记忆力这么差啊！好好想一想啊！你知道吗，不仅仅只有我们的大脑有记忆功能，我们的心脏，也有记忆功能哦！”

“心脏？也可以记忆？”小龙崎反问道。

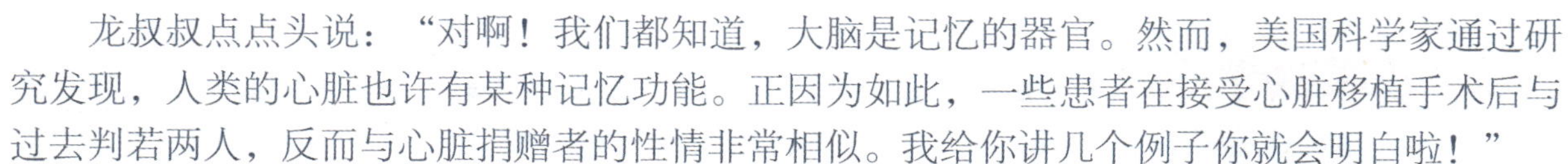

龙叔叔点点头说：“对啊！我们都知道，大脑是记忆的器官。然而，美国科学家通过研究发现，人类的心脏也许有某种记忆功能。正因为如此，一些患者在接受心脏移植手术后与过去判若两人，反而与心脏捐赠者的性情非常相似。我给你讲几个例子你就会明白啦！”

一听到要讲故事，小龙崎顿时来了精神。

有一位货车司机，他以前并不是一个多愁善感的人，从来没有给妻子写过情书，他的文笔也确实差得要命。而当他接受心脏移植手术后，却开始给妻子写情诗了，文笔还相当不错。对于自己写诗的天赋，他确信来自那颗移植的心脏，因为捐赠者全家都爱写诗。

还有故事呢！2006 年，澳大利亚一位 17 岁的男孩在车祸中丧生，他的父母将其身体器官捐赠了出去。两年后，他们找到了儿子心脏的接受者，惊奇地发现他“继承”了儿子

爱吃汉堡圈的嗜好，事实上，接受者在心脏移植前对汉堡圈一点都不感兴趣。

还有一名接受心脏移植手术的患者，在身体康复后爱上了捐赠者的遗孀，并娶她为妻。12 年后他饮弹自尽，令人吃惊的是，为他捐赠心脏的人也死于同一方式。此外，还有一名 8 岁的小女孩接受了一名遇害身亡的小女孩的心脏，从此以后，这个小女孩经常做同一个噩梦，梦见一位男子杀害她的捐赠人。警方根据她所叙述的线索最终将凶手捉拿归案。

“哇！真是好厉害啊！”小龙崎拍着手说。

龙叔叔接着说：“根据统计，每 10 例接受换心手术的病人中，就有 1 人会出现性格改变现象，这让很多科学家相信，心脏细胞有记忆功能，心脏移植到另一个人身上后，储存在心脏中的某些记忆也会转移到那个人的身上。我们都有过这样的经历，遇到不高兴的事情时，除了有时会感到‘头疼’外，还会觉得‘心里难过’。因此看来，心脏细胞有记忆功能这一说法未必是无稽之谈。换心人的奇迹会促使科学家对传统观念进行反思。也许，大脑和心脏都是思维的器官，只不过分工有所不同罢了。”

不可不知的事

心脏跳动的奥秘

心脏中的心肌细胞有两种类型。大多数是普通心肌细胞，在受到刺激以后，普通心肌细胞将发生收缩。当刺激消失以后就会又舒张开来。心脏的一次跳动就在这样的一次收缩和一次舒张中完成了。还有另外的一些细胞是特殊心肌细胞，它们具有自律性，能够按自身固有的规律，不断地产生兴奋并传导给普通心肌细胞，对其进行刺激，使之收舒。在心脏的右心房，存在着一个由特殊心肌细胞汇集而成的窦房结。它的强有力的自律性兴奋，通过传导系统的传播，决定着整个心脏的跳动频率，也就是我们所说的心率。因此窦房结是心脏的起搏点。

10 自己胳肢自己不觉得痒

太阳已经升得老高了，小龙崎还在帐篷里睡懒觉。龙叔叔已经叫了他三次，可他还是赖在地上不肯起来。叔叔灵机一动，想到了一个方法。他伸出左手，按住小龙崎的左腿，然后用右手对准小龙崎的脚心就是一通挠。

由于痒痒，小龙崎哈哈大笑起来。龙叔叔一边挠一边说："起不起来？起不起来？"

小龙崎一边笑一边求饶说："我起，我这就起。龙叔叔快停下！"听到小龙崎求饶，龙叔叔停了下来。这时，一个新的问题出现了，小龙崎问龙叔叔："为什么别人胳肢我们，我们就会觉得痒，而我们自己胳肢自己，却不觉得痒呢？"

我一胳肢你，还胳肢出问题来啦！胳肢是刺激表层皮肤下面的末梢神经，让人大笑。痒的程度是由谁来挠决定的。最新的研究表明，同样是被胳肢的人，在被别人挠和自己挠时，他们脑部扫描的结果是不同的。

我们在自己挠的情况下，大脑似乎在告诉自己：痒的感觉要来了，可以忽略它。所以自己挠时脑部扫描结果显示：大脑中负责计划的小脑把紧急信号传达给大脑的另一个部分，提醒它有种感觉要来了。但是，我们不得不控制这种感觉，例如，如果我们的脚一放在地上就觉得痒，那生活就没法进行了。因此，大脑处理这些不太要紧的信息时会从中挑选出重要的刺激。

听了龙叔叔的话，小龙崎笑着说："呵呵，真是有趣。大脑还会自己挑选信息哦！"

"对啊！进化论者达尔文对于胳肢的现象很有兴趣。他意识到，被胳肢的对象会让身体上敏感的部位躲开刺激。他认为这是一种用来保护自己免受伤害的进化机制。有趣的是，这种被胳肢的快乐感觉也会随着年龄的增长而增加。除了这种痒痒，我们的伤口在愈合的时候也会发痒，你知道为什么吗？"

不可不知的事

伤口愈合时会发痒

当细胞被割伤、被化学药剂腐蚀或被细菌感染时，伤口会发炎，这属于人体自我保护的一种生理反应，通常表现为发红、疼痛、发热和肿大四种症状。发炎是机体准备杀死伤口周围的真菌、毒素或异质的一种反应，这样伤口周围就不会感染，同时也为伤口愈合作好准备。当伤口愈合时，我们会觉得有点痒，这是伤口结痂下面在长出新细胞而造成的。当新的皮肤细胞形成新的皮肤层时，结痂部位会绷得更紧，这样便让人觉得有点痒。神经细胞同样会在结痂下面长出来，当它们能够接受并传送信息时，痒的感觉就产生了。

11 睡眠的"操控者"

天黑了，小龙崎哈欠连天。龙叔叔还没有把帐篷打好，小龙崎就着急地催促着："龙叔叔，快一点啦！我快要困死啦！我现在一闭上眼睛就能睡着！"

龙叔叔看着小龙崎着急的样子，说道："你再困，也得等我把帐篷搭好啊！如果没有搭好，晚上下起雨来，我们都会被淋成落汤鸡的。你就再等一会儿啊！"

虽然小龙崎很困，但是，睡意并没有使他停止思索，他问道："龙叔叔，您说我为什么会有想要睡觉的感觉呢？这是什么原因啊？"

龙叔叔一边搭着帐篷一边说："我来给你讲解一下吧！"

睡觉是最常见的一种人类活动。大脑基层中的松果腺很重要，因为有种叫作褪黑激素的化学物质就在这里产生。这种物质进入血液能控制睡觉和醒来的循环。小鸡被注入褪黑激素后，就会睡着。

尽管我们已经生产了几种能够帮助睡眠的药物，但最近加利福尼亚的研究者才发现一种天然的诱发睡眠的化学物质，他们发现，失眠的猫有清洗大脑和脊髓作用的脑脊髓液中有一种物质的数量在增长。当他们把这种物质注射到老鼠体内时，老鼠睡着了。

小龙崎一边钻进帐篷，一边问道："这是一种什么样的物质啊？"

龙叔叔跟在小龙崎后面，也走进了帐篷，说道："这种产生睡意的物质是脂肪酸，它和细胞膜中的一种成分相似，但是什么引起脂肪酸的释放还是未知的。将来，这种物质也许会成为一种天然的安眠药，因为现在使用的安眠药，不仅长期服用会上瘾，而且残留物对人体会有副作用，如果人们服用这种和脂肪酸成分接近的安眠药，可能就不会有这些问题了。你知道人在睡眠的时候，为什么会做梦吗？"

不可不知的事

人为什么会做梦？

很多的神经细胞构成了人类的大脑，这些神经细胞互相联系，又通过脊髓（脊柱）和全身的神经相连，使大脑能对身体内外的各种刺激作出反应，以此来调节人的各种活动。睡觉时，人大脑中的神经细胞并没有完全休息，没有休息的神经细胞在兴奋的状态下，人就会做梦。特别是受到一定刺激时，人甚至会做噩梦。

12 “咔咔”作响的指关节

睡醒后，龙叔叔伸了伸腰，然后压了压自己的手指。这时，“咔咔”的响声传来。听到响声后的小龙崎吃惊地说：“龙叔叔，您的手指响了，是断了吗？”

龙叔叔看着小龙崎担心的样子，说道：“不是啦！别担心。”

小龙崎不解地问道：“那为什么您只要一压指关节就会咔咔地响，这样做会导致关节炎吗？”

叔叔笑着说：“不会的！我来给你讲讲吧！”

指关节是由骨骼和许多韧带连接而成的。和其他的关节一样，指关节也有一定的弹性。当我们压指关节的时候，就等于在用外力弯曲指骨，迫使两块指骨分离。这种突然施加的外力会使两块骨头间形成真空。于是周边的组织里的液体迅速冲到骨头中间的细缝里，因此就发出了“咔咔”的脆响。

小龙崎又压了压叔叔的手指问道："为什么压完后，马上再压，手指就不会再响了呢？"

"在压完手指关节以后，骨头之间的液体便会缓缓地流回原来的组织。所以，手指关节压完一次后需要隔一段时间再压才会有响声。"

"龙叔叔，您的手指痛吗？这样压对您的手指不好吧？"

"虽然压手指发出的声音令人感到很不舒服，但是压指关节显然是没有什么坏处的。最常被压的指关节，也就是手指和手掌之间的关节，通常不会得磨损性关节炎，也就是医学上说的骨关节炎。你知道骨头是怎样生长的吗？"

不可不知的事

骨头的生长

骨头的生长方式很奇特。新细胞首先形成，接着，这些细胞产生一种特殊的有机物，成为环绕自身的基质，最后，在基质里，钙盐进行沉积，于是基质逐渐变硬。早在胎龄2月时，人的骨头就已经开始形成了。然后就会不断地进行生长，到16岁左右，女子的骨头才停止生长，男子的骨头一般要长到18岁左右。在我们一个人的大半生中，骨头不断进行改造，骨组织不断地进行耗损和补充。

13 用皮肤看书

在市区的图书馆里，小龙崎在查阅着自己需要的资料。他一会儿拿在手里反复翻看着，一会儿拿出自己随身携带的笔记本，用笔工工整整地写在上面。看着他那认真的样子，龙叔叔欣慰地笑了。

等从图书馆出来后，龙叔叔和小龙崎又走在了探险的路上。龙叔叔神秘地对小龙崎说："小龙崎，你听说过用皮肤看书的人吗？"

"什么？用皮肤看书？"小龙崎惊讶不已。

龙叔叔点点头说："对啊！用身上的皮肤看书！早在 30 多年前人们就知道了皮肤具有视觉功能。世界上第一个被发现具有这种特殊功能的人是库列索娃。可是，当初在她开发这种功能的时候，她甚至连听都没有听说过人可以靠手指皮肤读书、辨色。更没有想到过，这种功能随后会用她的名字来命名。"

"这太有趣啦！龙叔叔您给我讲讲吧！"

事情要从 1960 年说起。那年库列索娃参加文艺自修班学习，毕业后在盲人协会戏剧小组当了负责人。平时在工作时，她看到盲人能用刺在纸上的盲文阅读，感到十分吃惊。她下决心也要试一试。刚一开始时，她决定先从简单的初年级的盲文字母练习。一天的时间只是模糊记住了两个盲文字母。她又这样刻苦地学习了两个星期，终于学会了阅读。接着，她开始大胆闭眼试读普通人读的字母。起初，她只有一种粗略的感觉。但是经过半年的刻苦练习之后，她居然能够用手指阅读铅印的文章了。

1962 年春，她患了急性扁桃腺炎，到医院做切除手术。有一天同病房的人递给她一本书，然后把她的眼睛蒙上，让她来读出内容。她用手摸着书页，马上读出了三行文字，在场的人全都很吃惊。

小龙崎听完，怀疑地问道：“啊？是真的吗？这么神奇？我有些不相信。”

龙叔叔笑着说：“医生和你的想法一样。医生把她叫到办公室去，给了她一本书。这本书可不是放在桌上的，而是放在枕套里。只见她把一只手伸进枕套，闭上眼睛，就用手指读完了整整一页她从来没见过的医学书。”

“真是太神奇啦！”小龙崎不由自主地感叹道。

龙叔叔笑着说：“还有更神奇的呢！后来，人们的手指在一页白纸上方，悬空画了一个两位数字。实际上，这个数字只在纸上留下体温的痕迹。令人震惊的是，库列索娃竟能一丝不差地读出这个数字。”

“啊？”小龙崎吃惊地张大了自己的嘴巴。

“库列索娃说：‘当我阅读时，摸到的如果是黑色，我的手指会有一种热感；如果是白色，则有一种冷感。你知道吗？’她的皮肤‘视觉’取决于颜色和照度。”

不可不知的事

颜色和照度对皮肤“视觉”的影响

在自然光照条件下，皮肤对红色、橙色最敏感，对紫色、蓝色次之，而对黄色、绿色及天蓝色最迟钝。红外线、紫外线照射在人的皮肤上时，人的皮肤都会产生反应。如果手掌被紫外线照射，那么指读的可能性就会增大。如果被暖色光照，那么皮肤视觉的敏感就降低。

五、惊人的
生物世界

1　没有眼睛的蚯蚓

这天，小龙崎和龙叔叔一起来到一条小河边钓鱼。只见，龙叔叔先选好了一处位置，小龙崎乖乖地蹲在龙叔叔的脚边。首先，叔叔先把鱼竿一节一节地装上，又系好线，套上钩子，拿出一只蚯蚓，把它一圈一圈地绕在鱼钩上。

看到这里，小龙崎的问题又来了：“龙叔叔，蚯蚓的眼睛在哪里啊？我怎么看不到它们的眼睛呢？”说完，小龙崎绕着鱼钩上的蚯蚓反复地观察着。

龙叔叔笑着说：“蚯蚓没有眼睛啊！”听了龙叔叔的答案，小龙崎大吃一惊：“啊？原来蚯蚓真的没有眼睛啊！”

动物学家的研究证明，蚯蚓由于长期在地下生活，头部已经退化了，所以它并没有眼睛。

那凸起在它的头部前面的，是它的嘴巴，叫作口前叶，没有视觉的作用，仅仅是用来索取食物和挖土钻洞的。虽然蚯蚓没有眼睛，但是它的感觉器官却很发达，包括表皮感觉器、口腔感觉器、光线感觉器等，对前进中所接触到的物体和环境能敏感地作出反应。

听了龙叔叔的解释，小龙崎恍然大悟地说：“原来是这样啊！”

“科学家曾经对蚯蚓做过两个实验：一是在蚯蚓行走的路上放上一块铁片或者一块砖头，当蚯蚓的皮肤接触到这些物体之后，它会立即转向躲避开。另一个实验是把蚯蚓放在光线强弱不同的地方，结果蚯蚓向着弱光行走。这就说明了蚯蚓确实是用触觉器官代替了眼睛的功能，而且对光线的强弱很敏感，遇到强光就会本能地进行躲避。”

不可不知的事

没有眼睛的鱼——盲鱼

盲鱼是一种非常美丽的观赏鱼，体长大约为8厘米，它的身上披着亮银色的鳞片，所有的鳍部全都呈现出奶油色。大约在数万年前，在只有很少光线或完全没有光线的地下洞穴内，盲鱼的祖先被水流带到了这里。经过漫长的时间，盲鱼的眼睛因为失去作用而退化，变成了今天的样子。虽然盲鱼的眼睛失去了它应有的作用，但是，盲鱼能够依靠其他器官的特殊感觉来进行正常的生活。盲鱼能够在水中自由自在地游动，在游动时，不会撞上水草、石块或其他的鱼，它的游速还很快。可以说，它的生活并没有因为眼睛的退化而产生不便。

2 无头存活的蟑螂

一大早，小龙崎早就饿得饥肠辘辘了。他拿出了自己带的美味的糕点。这时，他看到了帐篷一角的蟑螂，他吃惊地大喊一声：“糟糕！糕点不能吃了！龙叔叔，快看，我们的帐篷里面进了蟑螂！”

龙叔叔看到后，赶忙将蟑螂清除出了帐篷。然后，对小龙崎说：“曾经有生物学家根据蟑螂的生态习性下了一个定论：如果有一天地球上发生了全球核子大战，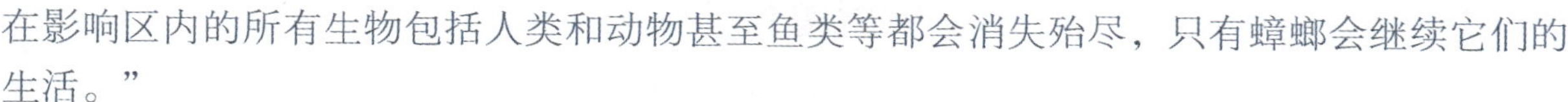在影响区内的所有生物包括人类和动物甚至鱼类等都会消失殆尽，只有蟑螂会继续它们的生活。”

“啊！它们的生命力真是太强了！我听说它们没有头也能存活，龙叔叔是这样吗？”

如果我们人类被砍掉头颅，马上就会血流不止，血压就会降低，氧和养料的传输受到妨碍，维持生命所需的组织无法供应。而且，人类依靠嘴或者鼻子来进行呼吸，并且由大脑来控制这些功能，因此头被砍掉了，呼吸自然会停止。此外，人类

没有了头就不能吃东西。

蟑螂没有了头，依然可以存活一个星期。蟑螂与人类的血压方式不同是一个原因。人类身上庞大的血管网络，蟑螂是没有的。而且，蟑螂也不需要很高的血压，才能保证血液能到达毛细血管。蟑螂拥有一套开放式的、不需要太高血压的循环系统。

听到这里，小龙崎问道：“砍掉蟑螂的头后，它的体内会发生怎样的变化呢？”

“当砍掉蟑螂的头时，它们身上的血小板就会行动起来，使脖子上的伤口很快凝固，不至于血流不止。而且，蟑螂的每段身体上都有一些小孔，可以通过气门进行呼吸。它们不需要通过大脑来控制呼吸功能，血液也不用运输氧。它们只需要通过气门管道就可以直接呼吸空气。蟑螂属于冷血动物，它们需要的食物比人类要少得多。它们只要吃上一餐，就能维持数周。如果没有遇上掠食者，伤口又没有被细菌或病毒感染，它们就能活下来。像蟑螂断头能够存活一样，壁虎断了尾巴也能存活。”

不可不知的事

壁虎断尾求生

当遇到敌人攻击时，壁虎的肌肉就会剧烈收缩，使尾巴断落。刚断落的尾巴由于神经还没有死，所以会不停地动弹，分身术就这样保护壁虎逃脱。在壁虎身体里有一种激素，这种激素能再生尾巴。当尾巴断了的时候，体内就会分泌出这种激素，尾巴就会再长出来，当尾巴长好了之后，这种激素就停止分泌。

3 自焚的飞蛾

龙崎的问题

天色渐渐黑了下来，可是随身携带的手电筒不知道放到哪里去了。于是，龙叔叔点燃了一根蜡烛，让小龙崎举着，自己在背包里来回地翻找。小龙崎用手拢着蜡烛微弱的光。这时，一只飞蛾朝着蜡烛扑了过来。小龙崎还没来得及躲开，飞蛾就一头扎进了火苗里。顿时，一股烧焦的味道传了出来。小龙崎看着眼前发生的一幕，问道："龙叔叔，飞蛾为什么要朝着火苗飞啊？"

经过科学家长期观察和实验，"扑火"之谜终于被揭开了。他们发现飞蛾等昆虫在夜间飞行活动时，判定方向是依靠月光的。飞蛾总是使月光从一个方向投射到它的眼里。飞蛾在逃避蝙蝠的追逐，或者绕过障碍物转弯以后，它只要再转一个弯，月光仍将从原来的方向照射过来，它也就找到了方向。这是一种"天文导航"。

当飞蛾看到灯光时，错误地认为是"月光"。因此，它也用这个假"月光"来辨别方向。月亮距离地球遥远得很，飞蛾只要保持同月亮的固定角度，就可以使自己朝一定的方向飞行。可是，灯光距离飞蛾很近，飞蛾按本能仍然使自己同光源保持着固定的角度，于是只能绕着灯光打转转，直到最后精疲力竭而死去。你知道吗，飞蛾还是听觉高手呢！

飞蛾在夜间飞行时，判定方向是依靠月光的。飞蛾总是使月光从一个方向投射到它的眼里。
飞蛾看到灯光错误地认为是“月光”，因此，它也用这个假“月光”来辨别方向。月亮距离地球很远，飞蛾只要保持同月亮的固定角度，就可以使自己朝一定方向飞行。

不可不知的事

听觉高手——飞蛾

飞蛾耳朵中鼓膜的灵敏度高得让人难以置信，哪怕只引起鼓膜一个原子大小振幅的声波，飞蛾的听觉系统也能发出相应的电信号。英国的研究人员说，在飞蛾发出各种声波的同时，他们记录下了飞蛾耳朵中鼓膜的变化，以及听觉系统发出的电信号。结果显示，哪怕鼓膜只出现140皮米（1皮米相当于一万亿分之一米）的变化，飞蛾的听觉系统也能发出相应电信号。频率在15千赫兹以上的高频声波是飞蛾耳朵这种高灵敏度的专门针对对象。这是因为飞蛾的天敌——蝙蝠正是利用高频声波来定位。在与蝙蝠的长期对抗中，飞蛾进化出了灵敏的听觉系统。

4 会走路的鱼

在火辣辣的太阳底下，戈壁滩犹如在火炉上烤着，灼人的热浪席卷着每一寸土地，使人喘不过气来。茫茫的沙海中留下了两行踏实而清晰的脚印，那是龙叔叔和小龙崎行走在探险的路上。

“龙叔叔，快看，前面有一只蜥蜴在奔跑。”顺着小龙崎手指的方向看过去，只见一只蜥蜴飞快地向前逃跑。它用两只后腿轮流着地，而前肢是一直不着地的。看到这种情景，小龙崎笑着说：“和人的走路好像啊！因为人是双脚行走的，除跳时是双脚同时离地外，一般是一只脚离地，另一脚着地的。”

龙叔叔说道：“有人称这种蜥蜴为‘自行车龙’。多好的美称呀！”

一个新的问题出现在小龙崎的脑海里，他问道：“龙叔叔，您说有会走路的鱼吗？”

龟壳攀鲈就是会走路的鱼！

龟壳攀鲈俗称“过山鲫”，也叫“步行鱼”，在静止、水流缓慢、淤泥多的水体里栖息。主要靠吃蚯蚓、昆虫、小鱼等小型水生动物以及它们的遗骸为生。当它们生活的环境受到污染、水质变质发臭、其他鱼类都因为无法生存而相继死亡时，龟壳攀鲈依然能顽强地活着。但是，它并不喜欢生活在受污染的水里。所以，每当大雨过后，水位上涨，鱼儿们就会集体依靠摆动鳃盖、胸鳍、翻身等办法爬越堤岸、坡地，移居到一片新的水域，或者潜伏在淤泥中。

“它们在移动的过程中，不会因为缺水而窒息吗？”小龙崎担忧地问道。

龙叔叔说：“龟壳攀鲈的鳃上器非常发达，所以能呼吸，就算离水较长时间也不会死去。当水体缺氧、离开水或在稍湿润的土壤中时，它们都可以生活较长时间。”

不可不知的事

鱼类的血

鱼类的血是红色的。其他的冷血动物，比如两栖动物和爬行动物也都有红色的血液。和人类一样，鱼类也有血液循环系统，也有像水泵一样不停工作的心脏。而且鱼类的血液中也含有血色素，用这种含铁的化合物来携带氧气，所以和人类一样，鱼的血液也是红色的。

5 鳄鱼的眼泪

这天，小龙崎和龙叔叔去鳄鱼园参观。“哇！好多鳄鱼啊！”一进鳄鱼园小龙崎就激动地对龙叔叔喊。只见许多鳄鱼在水里慢慢地移动，它们都有一张又细又长的嘴巴，长满了一嘴锋利的牙齿，眯着眼睛。它们浑身疙里疙瘩，猛一看，真是好可怕。

龙叔叔对小龙崎说：“它们通常伏在浅水处，水面上只露着像一截老树皮似的脊背，鳄鱼无论在岸上或在水里，常常是几个小时待在一个地方，纹丝不动。”

“看！那只鳄鱼流泪了！”小龙崎指着岸边上的一只鳄鱼说道，“它是怎么了啊？”

当鳄鱼吃东西的时候，它就会流眼泪。以前人们不知道科学的时候，以为鳄鱼流泪是因为吃别的东西伤心，还以为它是假慈悲呢！其实鳄鱼根本就不是伤心。

那是他在润滑自己的眼睛。当鳄鱼潜入水中时，鳄鱼眼中的瞬膜就闭上，既可以看清水下的情况，又可以保护眼睛；当鳄鱼在陆地上时，瞬膜就被用来滋润眼睛，而这就需要用到眼泪来润滑。

龙叔叔顿了顿，接着说：“当鳄鱼猎杀到动物并吃掉时，它们身体里的盐分会增加，所以鳄鱼就靠流眼泪来把这些盐分给排出去，使自己身体里的盐分保持在一个稳定的高度。这是千百万年以来进化的效应，并不是因为伤心，而是因为生存不得已才这么做的。另一方面，就像上面说的是为了湿润眼睛。人们认为这眼泪是假惺惺的，一直到今天还是这个意思。你知道吗？鳄鱼是迄今发现活着的最早和最原始的动物之一。”

不可不知的事

鳄鱼是迄今发现活着的最早和最原始的动物之一

鳄鱼是在约两亿年以前三叠纪至白垩纪的中生代，由两栖类进化而来，延续至今仍是半水生的性格凶猛的爬行动物。鳄鱼和恐龙是同时代的动物，恐龙早就已经灭绝了，留给我们的只是化石而已；而鳄鱼的生命力超常，一直延续到今天。

在进化史上，鳄鱼有十分重要的地位：现存生物中，与史前时代似恐龙的爬虫类动物相联结的最后纽带就是鳄鱼。根据已经发现的大量而广泛的化石记录，鳄和其他脊椎动物间的明确关系有可能被建立起来。

6 招架的毒蛇

小龙崎和龙叔叔走在草地上，一片墨绿色的草地像一床绿茵茵的地毯，鲜艳的野花竞相开放，清清的溪水倒映着小龙崎和龙叔叔的身影，穿过碧绿的原野，奔向远处。小龙崎高兴得在草地上翻起了跟头。

突然，龙叔叔低声说："快停下！危险！"小龙崎连忙停了下来。叔叔用手指指前面的地上，有两只毒蛇正缠在一起。小龙崎吃惊地睁大了双眼，他悄声地问龙叔叔："既然毒蛇这么厉害，那么，它们在打架的时候会用自己的牙齿去咬对方吗？"

我们都知道被毒蛇咬一口，不死也只剩下半条命了。它们打架的时候，是不会用毒牙咬彼此的！

毒蛇是一种非常聪明的动物，同种族打架的时候，它们只会采取缠绕的方式，缠勒对方，降服对方。因为它们懂得，如果用毒牙必然会造成种族灭亡的惨剧。蛇的聪明还表现在：它们知道自己毒牙的厉害，所以在咬死动物后，都不会马上吃掉，主要是担心自己留在动物身上的毒液，会把自己也一并毒死。所以，它们要等到猎物身上的毒性分解之后，再来慢慢地享用，这也养成了它们极好的耐心。

听完叔叔的解释，小龙崎恍然大悟地说：“它们的智商真是高啊！”

不可不知的事

区分毒蛇和无毒蛇

第一，毒蛇和无毒蛇最根本的区别在于毒蛇有毒牙和毒腺，无毒蛇没有。

第二，从蛇的头部形状来辨别。毒蛇的头部多呈三角形。无毒蛇的头部一般呈椭圆形，但这并不是绝对的。

第三，从蛇的全身斑纹颜色是不是鲜明来辨别。毒蛇体背斑纹的颜色一般比较鲜明，无毒蛇的体背斑纹颜色一般不鲜明，但这并不是绝对的。

第四，从蛇的尾部长短粗细来辨别。毒蛇的尾部一般粗而短，无毒蛇的尾部一船细而长，但这并不是绝对的。

第五，从蛇的生态来辨别。毒蛇发现人后一般不逃跑，或逃跑时爬行的速度不快。无毒蛇惊动后速度起身，爬行的速度极快。

第六，从接触蛇身体的感觉来辨别。当徒手捕捉蛇时，一接触毒蛇便马上感觉到它的身体很柔软。当接触到无毒蛇时，立即感到它的身体很坚硬。

7 60天不吃不喝的雄帝企鹅

小龙崎和龙叔叔继续着在南极的探险。这天，他们来到了帝企鹅聚集的地方——南极冰川。这里热闹非凡，却又秩序井然。金色的太阳挂在高空，将这里照耀得辉煌壮丽，千万只帝企鹅一个个身披黑白分明的大礼服，脖子上再系一个橙黄色的领结，精神饱满，举止从容。

小龙崎还是第一次见到这么多的帝企鹅，他兴奋地向着帝企鹅扑了过去。龙叔叔嗔怪道："哎哟，这孩子，慢点儿，慢点儿！"

龙叔叔走到小龙崎身边对他说："在南极的夏季，帝企鹅主要生活在海上，它们在水中捕食、游泳、嬉戏，一方面把身体锻炼得棒棒的，一方面吃饱喝足，养精蓄锐，迎接冬季繁殖季节的到来。"

"龙叔叔，它们的体型好大呀！比我们以前见到的企鹅都要大！"

龙叔叔望着这些帝企鹅，笑着点点头说："你说得对！帝企鹅是所有的企鹅中体型最大的，一般体重在22～27千克之间，有的甚至更重。巨大的体型意味着它们要比一般小型企鹅更能经得起严寒的考验，并能在极地更深处安家。它们在冰冻的南极海域繁殖后代，这里的温度可能低到－51℃，甚至达到－57℃。"

"我听说雄帝企鹅可以连续几个月不吃东西，这是怎么一回事呢？"

“我来给你解释一下吧！”龙叔叔说。

帝企鹅只在5月份产一个蛋，然后，雌性帝企鹅将蛋交给雄帝企鹅，就匆匆上路，奔向大海寻找食物，以恢复自己在产卵过程中被大量消耗的体能。

帝企鹅实际上并不筑巢，雄帝企鹅用嘴将蛋拨到足背上。在雄帝企鹅身上有一个特殊的囊，能垂下来盖住蛋，起到保护的作用。从此，雄企鹅便弯着脖子，低着头，不吃不喝地站立60多天，承担起孵蛋的重任，靠消耗自身脂肪维持体能。

小龙崎有些吃惊地问道：“60多天不吃不喝？这些体能都是哪里来的呢？”

龙叔叔解释说：“那些体能是雄帝企鹅早先通过捕食鱼类和鱿鱼，储存起好几层厚厚的类似鲸脂的脂肪层。”

龙叔叔顿了顿接着说：“7月中旬到8月初，小帝企鹅们陆续地孵化出来。初生帝企鹅的幼儿阶段，是在雄帝企鹅的脚背上和身边度过的。雄帝企鹅在这段时间很辛苦，它既是父亲又是保育员。初生的帝企鹅是灰黄色的，浑身毛茸茸的，瞪着一对带内圈的小眼睛。由于身体虚弱，走起路来东歪西斜，雄帝企鹅对它十分疼爱。”

小龙崎如释重负地长出了一口气问道：“这时候，雄帝企鹅就可以活动一下了吧？”

“是这样。可是，雌帝企鹅还要在七八个星期后才能回来，给雄帝企鹅一个喘息的机会。在它们返回前，小帝企鹅没有食物吃，有时会饿得喳喳直叫，雄帝企鹅就会十分担忧。”

小龙崎担忧地问：“这可怎么办呢？”

“这时候，雄帝企鹅的体重已经减轻了1/3。它会反刍出一种白色的分泌物喂到小企鹅的嘴里。当雌帝企鹅返回来时，它们会将装在嗉囊里的食物带给小企鹅。

“雌企鹅要想准确无误地回到它生儿育女的栖息地，要凭借生物的本能和鸟类特有的

磁性定位测向的功能。然后凭着企鹅通信和交流感情的语言，也就是雄帝企鹅的叫声，雌企鹅就会准确无误地认出它的丈夫，找到它们的孩子。这时，雄帝企鹅就可以返回海里去捕食和补养身体了。”

不可不知的事

南极的鱼为什么不会被冻死？

鱼是一种变温动物，它的体温会随着水温而改变，变得和水温一样，以适应水温。但南极大陆近海的水温，都是在冰点以下，这时候的鱼，就变得和水一样低温。和其他地区的鱼相比，南极的鱼体液中蛋白质比较多。而蛋白质是热能的保证，是“不冻液”，也就是靠这点本钱，南极的鱼才得以在冰天雪地里健康成长。当然，不要妄想把南极的鱼放到热带海洋中去，每个生物适应性都有一个极限，超过了极限就会死亡。

8 植物也会疼

“哎呦！龙叔叔！我的手指流血了！好痛啊！”小龙崎由于不小心割伤了手指，他大喊着。龙叔叔连忙拿出背包里携带的绷带和药帮小龙崎包扎起来。

包扎好后，龙叔叔边收拾好绷带和药，边对小龙崎说：“行了！没事了！注意不要接触水！”

“可是……可是还是好痛啊！”小龙崎摸着刚刚割伤的手指撇着嘴说。突然，一个问题出现在小龙崎的脑海里，他问道：“龙叔叔，您说植物会感觉到疼痛吗？比如，我把一片叶子切断了，它会感觉到疼痛吗？”

首先我必须确定你所谓的疼痛是什么含义，这个问题很深奥哦！因为这既是一个哲学问题，也是一个科学问题。我们认为疼痛是对物理刺激的一种反应，旨在减轻这种刺激。科学家通过相关的研究表明植物也有应激反应。当一片叶子被切断时，它的表面会有一种叫作乙烯的气体释放出来。这就是一种疼痛的反应：

乙烯的释放是植物受到刺激的一个信号。这符合我们对于疼痛的定义。因此，从这个意义上来看植物是能感觉到疼痛的。

在受到侵害时，植物也会发出信号，通知身体的其他部位作好防御准备。这个信号的产生和传递过程，以及产生的效果都与动物的痛觉反应是一样的。从一个非常低级的层次来说，植物有类似疼痛那样的应激反应。更有意思的是，植物似乎还明白疼痛的轻重。

当卷心菜受到菜粉蝶青虫啃食的时候，就会施放出用以吸引黄蜂来收拾这些青虫的化学信号。这些化学信号会随着入侵者数量的增多而增强。如果碰上下嘴比较狠的小菜蛾，不管敌人的数量有多少，卷心菜都会释放出高强度的求救信号。

听了龙叔叔的话，小龙崎说：“我们不要为了一时高兴去摘花折叶，因为它们真的会痛。”

龙叔叔欣慰地点了点头，问：“我们要保护植物，保护我们的环境。”

不可不知的事

世界上最高的树——杏仁桉

在澳大利亚的草原上生长着一种高耸入云的巨树，它们就是杏仁桉。它们一般都高达100米以上，通过人类的测量，最高的竟然可以达到156米，鸟在树顶上歌唱，在树下听起来，就像蚊子的嗡嗡声一样。这比美洲最高的巨杉雪曼将军树还高出14米，和50层楼的高度相同，由于它们庞大的身躯，人们把它称为“树木世界里的最高塔”。

9 会做梦的动物

“龙叔叔，我昨晚做了个梦。梦到我探险结束后，在学校里向同学们讲述在探险过程中遇到的稀奇的事呢！”刚一起床，小龙崎就兴致勃勃地对龙叔叔说。

听了小龙崎的话，龙叔叔笑着说：“你这个小脑瓜啊！睡觉也不歇着！”

小龙崎笑着揉揉自己的小脑袋。这时，小龙崎看到树下有一只正在睡觉的小白兔。小龙崎灵机一动，问道：“龙叔叔，我们会睡觉，睡着后会做梦。那么动物呢？动物睡着后也会做梦吗？”

我们人类在做梦时，就会呼吸紧促，心跳加快，血压上升，脑血量倍增，脸部及四肢有些抽动。这时，用眼运动计可测出我们的眼球在快速转动，而脑电图上必然同时出现快波。因此，一般说来，做梦的标志就是：快速动眼加上脑电图快波。

科学家用上面说的方法对一些动物进行了测定。青蛙在睡着的时候，只有少数慢波曲线会出现，脑电图快波和快速动眼期是没有的，这个实验可以证明，蛙是不会做梦的。乌龟在睡觉时有快速动眼和脑电图快波，不过时间很短，只占睡眠时间的2%，由此可以确定，乌龟有极少的做梦时间。猫、狗、猴都会做梦，梦境较长，其中猴子最长，狗次之，猫最短。

听完龙叔叔的解释，小龙崎若有所思地说："意思就是动物也会做梦喽！"

龙叔叔具体地说："大部分爬行动物不会做梦，鸟类都会做梦，不过大多数种类只做短暂的梦。各种哺乳动物，如猫、狗、马等家畜，还有大象、老鼠、刺猬、松鼠、鼠、犰狳、蝙蝠等都会做梦，有的做梦较频繁，有的就会少一些。鱼类、两栖动物和无脊动物都不会做梦。科学家通过实验发现，动物做梦的原理跟人一样，它们做梦的内容都跟它们白天的行为有关。"

不可不知的事

动物的梦境与白天的行为直接相关

马修·威尔逊是美国麻省理工学院的神经学家，他利用老鼠进行了动物做梦的实验。他预先把电极植入老鼠的大脑，让老鼠在一个迷宫里乱跑，同时记录此时老鼠的脑电波。等老鼠睡着后，通过观察发现，老鼠大脑内负责记忆的"海马体"的活动情况，与在迷宫里跑的时候基本一致。同时，老鼠大脑皮层的视觉区域与在迷宫时的反应也是同样的。所以，老鼠梦见的就是睡觉前在迷宫里的场景。

10 吃人的树

小龙崎的探险还在继续，这天他和龙叔叔走在茂密的原始丛林里。龙叔叔随手拨开挡在前面的树枝，对小龙崎说："我们都知道动物吃植物，可是有些植物也是能够吃动物的哦！世界上能吃动物的植物大约有500多种，但绝大多数只能吃一些细小的昆虫，而生长在印度尼西亚爪哇岛上的奠柏，居然能吃人，被人们称作是'最凶猛的植物'。"

"啊？吃人的植物？"听完龙叔叔的话，小龙崎吃惊地睁大了双眼，催促龙叔叔说："龙叔叔，您快给我讲讲它的情况吧！"

奠柏高八九米，长着很多长长的枝条，垂贴地面，有的像快断的电线，风一吹就摇晃。如果有人不小心碰到它，树上所有的枝条会像魔爪似地向同一个方向伸过来，把人卷住，而且越缠越紧，使人脱不了身。树枝很快就会分泌出一种黏性很强的胶汁，能消化被捕获的食物。动物如果被这种液体黏到，就会慢慢地被消化掉，树就这样美餐了一顿。当莫柏的枝条吸完了养料后，又展开飘动，再次布下天罗地网，准备捕捉下一个猎物了。

听了叔叔的解释，小龙崎有些不敢向前走了，他担心地说道："这样的植物太危险了，我们应该把它们全都消灭掉，来保证我们的安全啊！"

龙叔叔摇摇头，笑着说："当地人非但不肯将这种可怕的树毁掉，反而竭力加以保护。"

"这是为什么呢？"小龙崎问道。

"因为这种树流出的胶液是一种珍贵的药材和工业原料。可采集这种胶液是要付出生命危险的。当地人根据它的'脾气'想出了一种巧妙的对付办法。他们先把一筐鲜鱼喂给树吃。当树吃饱鱼之后，便像吃饱喝足的懒汉一样，人们再去碰它的枝条，它就不愿意动弹了。人们就赶快采集它的树汁，作为制药的宝贵原料。有一种植物叫捕蝇草，也能够捕捉小飞虫。"

不可不知的事

捕蝇草

捕蝇草是一种非常有趣的食虫植物。它的茎很短，在叶的顶端长有一个像贝壳似的捕虫夹。捕蝇草的叶缘含有蜜腺，会分泌出蜜汁来引诱昆虫靠近。当昆虫进入叶面时，碰触到属于感应器官的感觉毛两次，捕虫夹就会迅速合起来。独特的捕虫本领与酷酷的外形，使捕蝇草成为最受世界宠爱的食虫植物。

11 能长出大米的树

到了午饭的时间了，龙叔叔和小龙崎来到土著人居住的部落。当地的土著居民热情地接待了这两位远道而来的客人。好久没有吃到香喷喷的米饭了，看到眼前丰盛的饭菜，小龙崎有些垂涎欲滴了。

“我们都知道，大米是由稻谷碾出来的。我告诉你一件有趣的事，有一种树也能长出大米哦！”

小龙崎惊奇地问龙叔叔：“真的吗？有长出大米的树？”

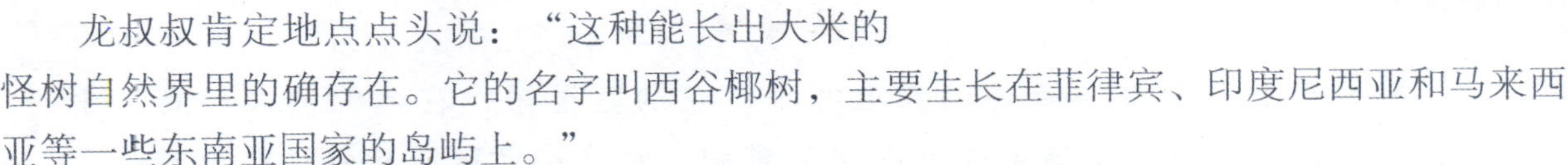

龙叔叔肯定地点点头说：“这种能长出大米的怪树自然界里的确存在。它的名字叫西谷椰树，主要生长在菲律宾、印度尼西亚和马来西亚等一些东南亚国家的岛屿上。”

小龙崎摇着龙叔叔的手臂，催促说：“龙叔叔，快点给我讲讲这稀奇的长出大米的树吧！”

西谷椰树的树干挺直，叶子很长，有3～6米，终年都保持绿色。树干长得很快，10年就可长成10～20米高；但是，它的寿命却很短，只有10～20年。在它短暂的一生中，只开一次花，而且开花后不到几个月就枯死了。

它的树皮里面全是淀粉，在开花之前，是树干一生中淀粉储存的最高峰。这几百千克的淀粉，可是西谷椰树积存了一生的。但是，在它开花后的很短时间内，这些淀粉就会消失光，枯死后的米树只留下了一株空空的树干。

自古以来，西谷椰树的淀粉一直是当地土著居民的重要食粮。为了及时地收获，当地人不等西谷椰树开花就把它砍倒，刮取树干内的淀粉。他们把刮到的淀粉放在桶内，加水搅拌成米汤，澄清后干燥，然后再加工成一粒粒洁白晶莹的“大米”，这就是著名的“西谷米”。

想象着人们收获的场景，小龙崎感叹道：“这是神奇的大自然赐给人类的食粮啊！真是好神奇啊！”

“用西谷米做饭，不仅喷香可口，而且营养丰富。目前，世界上依靠西谷米来维持生活的仍有几百万人。而且西谷米不怕虫蛀，在纺织工业中，可以用来上浆。西谷椰树的嫩芽还可以当菜吃，粗粗的叶柄也可以当作建筑材料。可以说，西谷椰树是十分宝贵的。”

我国最稀有的树

普陀鹅耳枥是我国特有树种，只产在舟山群岛的普陀岛。由于植被破坏，环境恶化，目前仅有一株，存活在普陀岛的佛顶山。在开花结果期间，它经常会受到大风的侵袭，致使树木的结果率很低。而种子即将成熟时，常受到台风影响而多被吹落，而且树木的更新能力极弱，树下及周围全都不见幼苗，目前这种树已经处在濒临灭绝的境地。

12 3岁小孩儿也能扛起来的大木头

龙叔叔和小龙崎继续走在探险的路上，这天，他们被一根大木头拦住了去路。龙叔叔用眼神示意小龙崎："小龙崎，快点把前面的木头挪开。"

小龙崎看了看前面的大木头，流露出了为难的神色。龙叔叔鼓励小龙崎说："去试试啊！你肯定行的！"

听了龙叔叔的鼓励，小龙崎走到了木头的面前。只见他先长长地出了一口气，然后用双手抱住木头，用尽全力一提。"啊！"木头居然被他轻而易举地抱了起来。小龙崎将木头拽到一边，刚一放在地上，就迫不及待地大喊："我成了大力士啦！"

看到他那副得意的样子，龙叔叔笑着摇摇头说道："别高兴啦！这根木头啊，3岁的小孩儿都能扛起来哦！"

"龙叔叔，您说什么？3岁的小孩儿都能扛起来？怎么回事？"小龙崎有些不相信自己的耳朵。

这是轻木。南美洲的厄瓜多尔是轻木盛产的地区。毫不夸张地说，一根长10米、合抱粗的轻木，就连一个妇女也能轻易地把它扛起来。一根又粗又长的木材，两个人抬起来可以快步如飞。轻木是世界上最轻的树木，密度只有0.16～0.2克/立方厘米，比起最重的木材1.2克/立方厘米的密度来，可以说是"轻如鸿毛"啊！

小龙崎拍拍轻木的树干，思索着叔叔的话。

龙叔叔接着说："轻木是一种速生的热带树种，每年可以生长 3 ～ 4 米高，直径可增长 10 厘米，3 ～ 4 年就可以进行采伐。进行循环轮种，经济效益可以说是很可观的。可以说，轻木是一种能够快速生钱的发财树哦。"

"我们可以怎样利用它呢？"

"干燥的轻木能隔热，又可隔音，是绝缘材料、隔音设备、救生用品及制造飞机的良材。就算不用来制造航空产品，用于航模和教学用具，或者生产具有冬暖夏凉效果的隔热地板，都有非常广阔的市场前景哦！"

不可不知的事

世界上最重的木材

所有木材中最重的非铁力木莫属，每立方米重达 1122 千克。铁力木树形优美，呈圆锥状。为防止过强紫外线的伤害，幼嫩枝叶呈鲜红色，就像一位亭亭玉立的红衣少女；每年 3 ～ 5 月，是铁力木的花期。盛开时，花朵洁白，并散发出芬芳的气味，4 片花瓣狭长伸展，就像一位白衣仙女在翩翩起舞。铁力木的种子含油量高达 78.99%，可用作工业油料等。它因为具有质地坚韧、难于加工、不易变形、纹理细腻、抗腐耐磨、虫蚁不食的优点，在机械、乐器、工艺品制造及建筑方面都有广泛的应用。

13 见血封喉的树

这天，小龙崎和龙叔叔继续在热带雨林里行进。这时，小龙崎的眼前一亮，他兴奋地喊道："龙叔叔，快看，前面的树上有果实哦！"只见前面的一棵树上长满了一个个小梨子一样的红色果实，有的已经变成了紫黑色。说着，小龙崎就要走上前去摘取。

龙叔叔严厉地喝止住小龙崎："快停下！这种果实味道极苦，含毒素，绝对不能食用！"

"啊！"小龙崎一下子待在了原地。

龙叔叔指着前面的树对小龙崎说："这是世界上最毒的树——见血封喉！它的树汁十分洁白，却奇毒无比，见血就要命。可以解这种毒的唯有红背竹竿草。走在西双版纳的热带雨林里，你必须十分谨慎加小心，因为一不留意，就可能撞上。"

"原来这么可怕啊！龙叔叔您给我讲讲关于它的情况吧！"小龙崎的脸上流露出求知的神情。

见血封喉的乳白色汁液含有剧毒，中毒的人会心脏产生麻痹，血管封闭，血液凝固，最后导致窒息死亡。对此，在西双版纳的民间有一种说法，叫作“七上八下九倒地”。

意思就是说，如果谁中了见血封喉的毒，那么往高处只能走七步，往低处只能走八步，但无论如何，走到第九步，都会倒地毙命。

过去，见血封喉的汁液常常用在战争或狩猎上。人们把这种毒汁掺上其他的配料，用文火熬成浓稠的毒液，涂在箭头上。这样的箭射入了野兽的肉里，血液流了出来，野兽就会跳跳脚挣扎几下，然后立即倒在地上死去了。这样捕捉的兽肉是不能食用的，因为已经带上了毒性。

小龙崎问道：“见血封喉树除了剧毒之外，就毫无用处了吧？”

龙叔叔摇摇头说：“当然不是这样的，它的毒素能用来做独特的药物，可以用来治疗高血压和心脏病。它的树皮纤维还能被利用呢！在云南，傣族和基诺族的人能用它做树毯、褥垫和衣服。你知道吗，我们平时见到的夹竹桃也是有毒的植物呢！”

不可不知的事

夹竹桃的毒性

夹竹桃的每一个部位都有毒，焚烧夹竹桃产生的烟雾哪怕只是不小心吸入了一点儿，也会给人体带来不适。心率改变是夹竹桃中毒的典型症状，有时是心跳过缓，有时是心悸，有时会出现高钾现象。在治疗时，一般是先通过服用药物来使中毒者的心跳变得规律，同时服用催吐药物、进行洗胃和吃一些吸收性强的木炭来吸收体内毒素。

六、惊人的物理化学

1 会爆炸的面粉

吃过早饭后，还没走几步，小龙崎这个贪吃鬼又饿了。他翻出背包里面的面包，一边走，一边津津有味地吃着。龙叔叔边走边对他说：“面包是由面粉做的，我给你讲一个关于面粉的令你惊奇的事情吧！那就是面粉爆炸！”

小龙崎把准备吃进嘴里的面包停在嘴边，说：“面粉爆炸？面粉又不是炸药怎么会爆炸呢？”

龙叔叔缓缓地说道：“在‘二战’期间，英国被希特勒的空军不断轰炸，炸弹纷纷从天而降。英国一家面粉厂的厂主，正因为自己的厂房没有被炸弹击中而暗自庆幸。不幸就在这时发生了，几乎与炸弹落下的同时，车间里自己发生了大爆炸，屋顶被炸得飞上了天，这爆炸的巨大威力，甚至超过了炸弹的破坏作用。与此同时，其他几家面粉厂也没能躲过爆炸的厄运。”

小龙崎不解地问：“这到底是怎么回事呢？”

这种奇特的爆炸给工厂带来了惨重的损失，人们都感到有些不可思议：并没有炸弹落到厂房上，而且在车间里只有面粉和机器，并没有炸药一类的爆炸物品。其实是车间里的面粉粉尘被炸弹爆炸的气浪掀起来，这样，空气中所含的面粉就达到了一定的浓度，在遇火后，就发生了爆炸。

其实不仅仅是面粉，就连给人留下甜美印象的砂糖这类物质也可能发生爆炸。面粉和砂糖爆炸的原因是多方面的。首先，面粉和砂糖都由碳和氢等元素组成。面粉和砂糖都可以进行燃烧，也就是说它们都是可燃物。我们从平时的生活实践中知道，它们不会像火药那样一点就燃。所以，粉尘的颗粒特别细是它们爆炸的重要条件。

“那面粉和砂糖工厂是怎么爆炸的呢？”小龙崎问道。

“面粉和砂糖工厂在生产过程中，大量的面粉和砂糖极细的粉尘就会产生，这些粉尘会到处飞扬。当这些粉尘悬浮在空中，并且在达到很高的浓度时，比如每立方米空气中含有9.7克面粉或9克砂糖时，当遇到火苗、火星、电弧或适当的温度，在瞬间就会燃烧起来，形成猛烈的爆炸，爆炸产生的威力不会比炸弹弱。”

不可不知的事

鞭炮爆炸

鞭炮中填装的黑色粉末是火药，由硫磺、木炭粉和硝酸钾混合而成。其中，硫磺和木炭粉是可燃物质，与氧气化合时会产生二氧化硫、一氧化碳和二氧化碳等气体；硝酸钾在燃烧时会分解放出氧气，帮助硫磺和木炭迅速燃烧。

鞭炮的导线被点燃后，会一直烧到鞭炮里的火药中。这时，火药急骤燃烧起来，放出大量的热，同时生成许多气体。火药的体积会猛增1000多倍，外面那层紧裹着的纸受不了这么大的压力。于是，草纸层就会被“啪”的一声炸破。

2 神秘的“鬼火”

夏天的夜晚，小龙崎跟着龙叔叔经过一片墓地。小龙崎用手紧紧地抓住龙叔叔的胳膊，胆战心惊地向前走着。

这时，小龙崎想到了奶奶对他说的话：在墓地常会出现一种青绿色火焰，一闪一闪，忽隐忽现，十分诡异。很多人遇到这种情况都会毛骨悚然，吓得赶紧逃跑。谁知道，那火还会跟着人，你跑它也跑。古人认为是鬼魂在作祟，就把这种神秘的火焰叫作“鬼火”。想到这里，小龙崎更加害怕了。

可是，小龙崎越是害怕就越是想弄清楚这到底是怎么一回事，是不是真的有“鬼火”存在。他忍不住向四周看着。突然，那青绿色的火焰出现在了小龙崎前方的不远处。小龙崎吓得大气也不敢出，他用力拽了拽龙叔叔的胳膊，低声对龙叔叔说：“龙叔叔，您看前面，好可怕啊！”

龙叔叔用手搂住小龙崎的肩膀，说道：“龙崎，别怕！等叔叔给你解释后，你就明白这里面的奥秘了。”

其实，这不是什么“鬼火”，而是磷在和你开玩笑呢！在人与动物身体中存在着很多磷，死后尸体腐烂生成一种叫磷化氢的气体，这种气体冒出地面，遇到空气后会自我燃烧起来，但这种火非常小，发出的是一种青绿色的冷光，只有火焰，没有热量。其实，不管白天还是黑夜，都有磷化氢冒出，只不过白天日光很强，看不见“鬼火”罢了。

听了龙叔叔的解释，小龙崎的心放松了一些，他问龙叔叔：“为什么夏天的夜晚在墓地常看到‘鬼火’，而‘鬼火’还会‘走动’呢？”

“夏天的温度高，易达到磷化氢气体的着火点而出现‘鬼火’，又由于燃烧的磷化氢会随风飘动，所以，所见的‘鬼火’还会跟人走动。这就是旷野的‘鬼火’。”

不可不知的事

第一个发现磷元素的人

17 世纪，一位德国汉堡的商人波兰特是第一个发现磷元素的人。他是一个杻信炼金术的人，他曾听说从尿里可以制出黄金，为了提炼出黄金一夜暴富，他便用尿做了大量的实验。1669 年，他在一次实验中，将砂、木炭、石灰等和尿混合，加热后进行蒸馏，令他失望的是，黄金并没有出现。可是，他竟然意外地得到一种十分美丽的物质，只见这种物质是白色的，质地十分柔软，在黑暗的地方它能够放出闪烁的亮光，于是波兰特给这种美丽的物质取了个名字——“冷光”，这就是今天我们所说的白磷。

3 可怕的“鬼剃头”

龙崎的问题

这天，小龙崎和龙叔叔来到了贵州风景秀丽的一个村寨。村民芦笙欢奏、舞步灵动，台下的人们也禁不住随着乐曲摇摆，透出浓浓的喜庆。看着眼前载歌载舞的场景，小龙崎拍着手说：“这里的人活得真轻松，真快乐啊！”

龙叔叔对小龙崎说：“一种叫‘鬼剃头’的怪病笼罩了这里 40 多年哦！”

“鬼剃头？好可怕的名字啊！”

“40 多年前，这里曾发生了这样一件怪事：全村接二连三的有人头发不剪自掉，男女老幼都有，一人脱发，其他人也先后接着脱发。更可怕的是，头发脱落往往是一夜间，特别像老百姓传说中的‘鬼剃头’。具体表现是：先是四肢疼痛、皮肤发干，这种情况延续一星期后头发开始脱落，严重者双目失明甚至死亡。”

“啊！这太可怕了！这到底是怎么一回事呢？龙叔叔您快给我讲讲吧！”小龙崎催促龙叔叔说。

经过相关调查，得出结论：铊元素是这种怪病的致命元凶。回龙村居民发生的铊中毒，是由于居民食用的当地生长的蔬菜中含有大量的铊，而蔬菜中的铊来自土壤，土壤中的铊则来自灶矾山上的矿渣。回龙村坐落在一个矿山下，在农闲时刻，当地农民便会上山挖掘汞矿石。在回龙村附近几平方公里的一小块土地上，曾经集中过上千人毁林开荒。掠夺性的砍伐树木和采冶活动，一下子把绿树成荫的避暑胜地破坏成了荒山秃岭。

由于山上没有了植被，每当山洪暴发，大水便把大量含铊的泥土冲到了田地里。经过日积月累，这里的泥土含铊量远远超过了正常值。不少农民的地中被厚厚的一层矿渣砾石覆盖，土壤受到了直接污染。经过检测，这些被污染的土壤，含铊量比标准量高出了2000倍以上。人们在这样的土地上种植蔬菜，长出的蔬菜含铊量比标准量高出30～40倍。

听了龙叔叔的解释，小龙崎推测说：“人们吃了这样的蔬菜，就发生了‘鬼剃头’。对吗？龙叔叔。”

龙叔叔点点头，说：“是的。人们在吃了这些蔬菜后，铊便在体内积蓄。铊对体内的红血球、肾脏、骨骼等部位都有毒害作用。时间一长，当体内的铊元素积累到一定程度，‘鬼剃头’的怪病便发作了。在今天，现代工业和环境污染日益严重，铅、汞等一些重金属正以各种我们想象不到的方式入侵餐桌，严重损伤身体健康。我们可以通过饮食调整来将我们体内的铅驱逐出去。”

不可不知的事

饮食去除体内的铅

日常饮食中有些食物能够去除和化解人体内的铅毒。例如虾皮每500克中含钙量达250毫克，钙质含量十分丰富，这么高的含钙量有助于铅的排泄；牛奶所含的蛋白质成分能与人体内的铅结合，生成一种可溶性的化合物，从而阻止人体对铅的吸收；菜叶中含有鞣酸等物质，能与人体内的铅结合，生成一种可溶性的物质，随着尿液排出体外；胡萝卜中含有大量的果胶，可减少铅的吸收，并减轻铅在人体内的毒性；海带、猪血有解毒排铅的功效；大蒜具有化解铅毒的作用。在日常生活中，人们可以经常食用这些食物，来改变体内铅含量的状况。

4 会杀人的烟雾

小龙崎和龙叔叔走在探险的路上，前面一家工厂的烟囱冒出了黑黑的烟雾。看到这一幕，龙叔叔说：“工厂里经常排放出大量的黑色烟雾，它虽会对环境造成污染，也会危害人类的健康，但不足以要人的命，而 20 世纪 50 年代英国伦敦的一场烟雾要了很多人的命。”

“啊？龙叔叔，快给我讲讲，这是怎么一回事！”小龙崎一听，又缠着龙叔叔给自己讲讲。

“1952 年 12 月 5 日，伦敦发生了让世界震惊的烟雾杀人事件。从清晨开始，伦敦上空的烟雾就没有散去，难见天日。浓重的黄绿色烟雾弥漫在四周，阵阵难闻的气味散发出来；司机已经看不见前面的路了，乘客们全都下了车，选择步行去往自己的目的地。行人们都用围巾和手帕紧紧包住头。5 天之后，浓雾终于散去了，但是此时已有 4000 多人被浓雾夺去了生命，以后 3 个月中，又有 8000 多人因受雾害而相继死去。”

小龙崎百思不得其解，问龙叔叔：“这到底是什么原因呢？一场大雾怎么就成了杀人凶手呢？”

人们在大雾过后开始调查原因，他们发现，那年冬天非常寒冷，潮湿的冷空气吸收了污染气体，烟雾像灰色的毯子一样盖在伦敦城上空，也像海面上漂浮的一层油。寒冬的季节，在集中供暖时代之前，数以万计的家庭只能烧煤取暖。由于战后经济困难，政府将优质煤出口国外，而伦敦人烧的劣质煤，使得污染严重。

不仅仅是这样。当年的伦敦，每天都有1000吨浓烟、2000吨二氧化碳、140吨盐酸和14吨氟化物被排放出来，可以说工业排污量非常大。更为严重的是，当大量的二氧化硫从烟囱中排出，混合了水蒸汽之后，800吨的硫酸就形成了。当空气不流通的时候，硫酸就会灼烧人们的咽喉，引发肺炎。

“原来是这样的原因啊！”听了龙叔叔的话，小龙崎有些明白了。

“还有一个原因，就是在1952年12月4日，在伦敦上空出现了一种特殊的天气现象，这样的天气将污染的冷空气罩在了一层热空气的上面，根本不能够挥发出去。由于燃煤产生的硫酸雾滴，更加强烈地刺激呼吸系统，严重地危害到了患有支气管疾病的老人和像你们这样的孩子。近些年来，雾霾频发，你知道在雾霾天里怎样进行防护吗？”

不可不知的事

雾霾天防护

在雾霾天气条件下，应关闭家里的门窗，等到霾散日出的时候，再开窗换气。或者使用空气净化器，空气净化器的过滤网对有害物质可以起到吸附的作用，达到净化空气的目的。雾霾天气里，我们应尽可能少出门。需要出门时，为避免呼吸道受刺激导致疾病发生，最好戴上具有良好过滤功能的口罩进行防护。外出归来后，要马上对面部及裸露的肌肤进行彻底清洗。雾霾天气的饮食应该选择清淡而且容易消化并富含维生素的食物。要多吃新鲜蔬菜和水果，这样不仅可对各种维生素和无机盐进行补充，而且对于润肺除燥、祛痰止咳有一定的作用。除此之外，在饮食上还要少吃刺激性食物，多吃些梨、橙子、百合等具有滋阴润肺功效的食物。

5 不如芦苇的埃菲尔铁塔

这天，小龙崎和龙叔叔来到了法国塞纳河畔的埃菲尔铁塔下。龙叔叔仰头望着铁塔，对龙崎感叹地说："这座300米高的铁塔可是巴黎人的骄傲啊！因为它曾经是世界上最高的建筑。但是，在1887年的严冬，这座铁塔开始破土动工时，却遭到当地居民强烈的反对。"

"这是为什么呢？"小龙崎有些不解，他想不明白这么漂亮的建筑为什么会受到阻止。

"当地的居民害怕铁塔会倒下来，纷纷上法院去告状。最后，当铁塔按照图纸一层层精确地铆接起来后，结实、漂亮的塔身屹立了起来，人们的疑虑才消除了。铁塔落成后法兰西共和国举行了隆重的典礼，并且在塔前为设计铁塔的工程师埃菲尔塑了一座半身铜像。100多年的时间过去了，这里不仅是一个旅游胜地，也是法国电视广播的中心。而且这还是建筑史上的一大进步呢！"

小龙崎问道："为什么这么说呢？您快点给我讲讲吧！"

这是空心的结构，人类从造石塔、砖塔到空心铁塔，这是建筑史上的一大进步。因为空心铁塔省料、省工，而且可以承受更大的力。高300米的埃菲尔铁塔，只用了27个半月就安装完毕了，可以说这是人类智慧的结晶啊！

埃菲尔铁塔虽然威名远扬，但是和自然界里的一些生物体一比较，也就算不上是什么奇迹了。生物体往往在省料、结实方面比人类的创造物要高

明得多。

一根芦苇一般高 2 米，而它的直径只有 1 厘米，高度和直径之比就是 200 ：1。但是，比例这么大的纤细高层结构在人类的建筑物中却找不到。埃菲尔铁塔高 300 米，但是，虽然上面部分较细，可它的高度和宽度就比芦苇逊色多了啊！

小龙崎又有了新的问题：“为什么芦苇又高又细却不倒呢？”

“这是因为芦苇是中空的啊！”

小龙崎追问叔叔：“为什么中空的物体就有这么大的本领呢？”

“空心芦苇减轻了自身的重量，而抗弯力却没有减少。我来给你举个例子，我们可以用一块长条橡皮做一个实验。在橡皮的侧面上，画上两条线把橡皮分为三等份，然后再画上一些距离相等的格子。在对

埃菲尔铁塔是空心的结构，人类从造石塔、砖塔到空心铁塔，是建筑史上的一大进步。高300米的铁塔，只用了27个半月就安装完毕了。

橡皮进行弯曲后，原来还是正方形的格子此时就变成了扇环形。你想一下，是不是这样的？这是由于外层伸长了，里层压缩了。在橡皮的中间那层格子变化不大，既不会伸长也不会缩短，所以中间的一层是不变化的。中间这层没有任何变化，所以从受力来看，这就表明它不受力。所以，中间这一层对抵抗弯曲没有作用，只是白白地增加了重量，所以我们就可以把它去掉。除了芦苇，竹子的茎中央也是空的哦！”

不可不知的事

竹子的茎中央

一般植物茎的构造是：表皮在最外层，在表皮里面的是皮层，薄壁组织和比较坚固的机械组织存在于皮层里。皮层再往里，就是中柱部分。植物茎中最重要的部分就是中柱部分中一个一个的维管束，有运输养分、水分的作用。中柱部分的最中心，也是植物茎的最中心，叫作髓。髓具有很大的薄壁细胞，是储藏养料的地方。我们都知道，竹子等单子叶植物茎的中间是空的。其实，这些植物的茎本来是实心的。但是在长期进化的过程中，这些植物茎中央的髓部很早就萎缩而消失了。植物茎中的机械组织和维管束可以支持植物直立起来。同样分量的材料，如果植物的茎增强机械组织和维管束，减少甚至去除柔软无力的髓部，管状的结构就形成了。这样一来，它既支持力大又节省了材料。像竹子这类单子叶植物是最进化的植物，所以它们的茎中央大都是空的。

主要参考书目

张孝天：《青少年科普故事大本营：自然故事总动员》，石油工业出版社 2007 年版。
张邢磊：《青少年不可不知的科学猜想》，哈尔滨出版社 2009 年版。
于秉正：《激发孩子想象力的 1000 个奇思妙想》，海豚出版社 2010 年版。
高岩：《优秀青少年科普趣味读物丛书》，朝华出版社 2011 年版。
宁正新：《青少年科普丛书：奥妙天文》，北京联合出版公司 2012 年版。